大家小小书

篆刻　程方平

中国历史小丛书

新编历史小丛书

新编历史小丛书

管仲传

房志成
熊剑平 著

北京出版集团
文津出版社

目　录

引　言

　　管仲，也即管子，春秋时期颍上人。他是我国历史上一位杰出的思想家、政治家和军事家。他力主"尊王攘夷"，辅佐齐桓公从纷争的春秋乱世中率先崛起，被很多人视为"名相"的典范。管仲以卓越的政治智慧成功推行了一系列军政改革，成功地帮助齐国迅速走向强盛。管仲同时富有军事谋略，组织了卓有成效的军事和外交斗争实践，帮助齐桓公一举登上霸主之位，不仅开启了中原争霸和会盟的先河，而且对春秋历史走向产生了深刻影响。

　　管仲在齐国掀起改革，主要举措包括：政治上，重新规划国家行政秩序，如"三其国而五其鄙"；军事上，推行"作内政而寄军令"，实行军政合一的军事编制；经济上，官营海盐，开发鱼盐之利，施行"相地而衰征"的赋税制度；外交上，则是"轻其币而重其礼"，大力改善与邻国的关系……这些强有力的改革，帮助齐国打下了很好的经济和军事基础。面对诸侯纷争、戎狄入侵的局面，管仲建议齐桓公树起"尊王攘夷"的旗帜，对安定周王室有大功；通过北伐山戎和北狄，不仅成功阻止了游牧部族侵掠中原，还及时扶助邢、卫等弱小诸侯；借助于平定鲁国内乱等行动，也在诸侯中进一步树立起威信，进而帮助齐桓公实现了"九合诸侯、一匡天下"的霸业。公元前651年，齐国召集葵丘之会，连周天子也派人赴会，桓管霸业至此已达极盛。公元前645年，管仲去世。时隔两年，齐桓公病死，齐国霸业随即衰落。

一、辗转拜相

屡遭挫折

管仲，又名管夷吾，是齐桓公称霸诸侯的重要辅佐。因为谥敬，因此又称管敬仲、管敬子。管仲是影响春秋历史发展走向的重要人物，甚至在多年之后还被诸葛亮视为自己的偶像——诸葛亮年轻时每自比于管仲、乐毅，相信自己可以像管仲那样，在三国乱世之中有所作为。

虽说曾成功帮助齐桓公成就一代霸业，但管仲的出生年月以及出生地点等，一直是不解之谜。史籍记载他是没落贵族之后，比鲍叔小两岁左右，比齐桓公大十多岁。后来他还被齐桓公尊称为仲父。《史记·管晏列传》记载管仲是颍上人，但这个"颍上"究竟对应今天的哪个省市哪个区县，至今众说纷纭。今日安徽颍上和司马迁所记载的未必是同一地方。

按照《史记》的记载，管仲早年曾长期遭遇贫困，做过小买卖，也做过小官，还上过战场打过仗。可以看出他在各个行当都试过水，虽然都未能取得成功，但这些经历为他日后治国理政，推出一系列非常有效果且接地气的举措，奠定了很好的基础。

管仲在年轻时有一位好友叫鲍叔，二人有着莫逆之交。管仲生活贫困，试图通过经商来改变现状，结果一次又一次的努力都是以失败而告终，但鲍叔认为管仲只是际遇不好，不会就此认为管仲太过愚笨而对他心生嫌弃。管仲还在分取红利时擅自多拿多占，对此鲍叔也能给予充分的理解，不会视为贪婪之举。在和鲍叔一起参加战斗时，管仲往往是冲锋在后，撤退在前，但鲍叔并不认为这是贪生怕死，因为他知道管仲家中有老母需要赡养。管仲曾经三次入仕却三次被黜，鲍叔并不认为这是管仲无能，只是把这些失败归于时运不济。对于好友的这些大度之举，管仲非常感动，甚至感叹道："生我者父母，知我者鲍子也！"

管仲和鲍叔之间有着特殊而深厚的友谊，史称"管鲍之交"，齐国的历史也因为这段私人的友情而发生重大改变。乃至于春秋争霸的历史，也因此而改变走向。

小白即位

管仲几经周折做了齐国公子纠的老师，而鲍叔则成了公子小白的老师。公元前697年，齐国的政坛几经风雨之后开始由暴戾的齐襄公执政。齐襄公本是公子纠和小白的哥哥，由于兄弟之间相处并不融洽，做弟弟的只得各自奔逃。齐襄公经常不按常理出牌，施政不讲法则，甚至是为所欲为，导致一众臣子往往不知所措乃至心生不满。鲍叔感叹道："国君如此放纵，百姓不免心生怨恨，怕是齐国的祸乱很快就要到来！"此后，公子小白在鲍叔的侍奉下逃到了莒国。

也许是同时感受到了威胁，公子纠在管仲和召忽的保护下，匆忙跑到了鲁国。公元前686年，齐襄公终于为自己的残暴付出了代价，他在一次政变中被族弟公孙无知设计杀死。

事情的起因是齐襄公降低了公孙无知的待遇，由此引发他的不满，连称和管至父二人则乘机利用他发起政变。连称的堂妹在齐襄公的后宫一直不得宠，因而心生怨恨，愿意帮助打探齐襄公的动态。作为交换，公孙无知则答应将来立其为君夫人。

这年冬天，齐襄公在外打猎，忽然看到了一头野猪。随从忽然惊呼："这不就是前阵子被杀死的公子彭生吗？"齐襄公大怒："彭生还敢来见我吗？"随即搭箭射去。没想到野猪竟然像人一样站立起来，还朝着齐襄公一通嚷嚷。这架势确实把齐襄公吓得不轻，只见他从车上摔了下来，还把脚给摔伤了，鞋子也不知道丢在何处。回到宫中，齐襄公忽然摆出一副节俭的模样，还在惦记着丢失的鞋子，他责令随从费回去寻找。费只得照办，结果鞋子没找到，又遭到一通毒打。费拖着伤体走到门口，恰好就遇到了公孙无知派来的大队贼兵。贼兵立即捉住费，费表示愿意配合行动，并且示意自己身上有很多被齐襄公鞭打留下的伤痕。贼兵相信了费的话，就放他进宫。没想到费返回之后，立即通知齐襄公隐藏起来，自己则联合其他宦官和贼兵格斗，直至气力耗尽，战死宫中。贼兵杀入寝宫，将床上之人杀死，转念又怀疑这不是国君，于是继续寻找。床上这位死者确实不是齐襄公，他的名字叫作孟阳，多半是被迫充当替死鬼。齐襄公战战兢兢地躲在床底下，可叹的是，由于惊吓过度，他连如何躲藏都已不会，竟然把脚丫子露在外面，于是迅速被贼兵发现，就此丢了性命。

此后，公孙无知自立为国君，但他对大夫雍廪非常暴虐，不久之后被雍廪设计杀死。齐国忽然之间没有了国君，也因此而陷入混乱。

这时候，已经有人偷偷地通知还在莒国避难的公子小白，希望他能赶紧返回国内继承大位。但是鲁国几乎同时得到这一消息，他们立即发兵护送公子纠回国，并派管仲率兵把守在莒国通往齐国的路上，试图对小白进行拦截。小白果然在预定地点出现，管仲立即弯弓搭箭，朝着小白射去，却不巧射中他的衣带钩。机智的小白随即倒地装死，此举很好地麻痹了对手，让管仲和公子纠非常自信地认为已经得手，成功地射杀了竞争对手。

一个小小的衣带钩，不知道是何材质，在关键时刻神奇地发挥了特殊作用。不仅成功地保护了公子小白，而且就此改变了齐国的历史走向，乃至影响了春秋时期诸侯争霸的格局。

鲁国护送公子纠的队伍都认为小白已经死

了，自然会长呼一口气，队伍也就不慌不忙地往齐国进发。令他们没想到的是，反倒是小白在鲍叔等人的护送下，悄悄地加快了行军速度。在一番日夜兼程的急行军之后，小白抢先赶回齐国，就此登上了国君之位。这就是后来大名鼎鼎的齐桓公。

捐弃一箭之仇

齐桓公即位赶上了中国历史上"礼崩乐坏"的动荡时期。由于周王室的式微，在中原诸侯中，恃强凌弱、以众暴寡的现象时有发生，诸侯之间内讧不断，再加上戎、狄等中原周边及杂处各诸侯国之间的少数民族趁机入侵，华夏诸族处于十分危险的境地。至于齐国国内，由于刚刚结束内乱，此时也是经济衰微、百废待兴。雄才大略的齐桓公决心扭转这个局面。

即位之后不久，齐桓公立即向老师鲍叔请教救国良策。没想到鲍叔大力举荐的人却是管仲。他对齐桓公说："要想把国家治理好，只有重用管夷吾！"

齐桓公一愣："你这是什么意思，就是那个

想把我射死的家伙吗？难道我要重用他？"

"是的！"鲍叔不卑不亢地回答。

齐桓公肯定有着来自灵魂深处的不服，而且难以抑制。即便是看到齐桓公很不情愿的样子，鲍叔还是继续坚持："我只是一位庸臣。在您的照顾之下，我能够不挨冻不受饿，那就已经是莫大的恩赐了。君王如果真想治理好国家的话，依靠我肯定是不行的，因为这不是我所擅长的领域。如果想找到合适的治国之才，大概只有去找管仲才行。"

看到齐桓公还是一副大惑不解的样子，鲍叔继续解释说："我有这五个方面比不上管仲：用宽厚和仁慈之心来抚慰民众，我不如他；把国家治理好却不忘根本，我不如他；为人忠诚而且守信，并且能够得到民众的信任，我不如他；所制定的各种礼仪足以使得天下之人效法，我不如他；站立军门之前击鼓指挥军队，使得部下变得勇猛无比，我不如他。"

齐桓公忽然打断鲍叔："可是这管仲曾经用箭射中我的衣带钩，差点就让我丢掉性命。"

只见鲍叔不慌不忙地解释说："那也是情有可原，毕竟那时的他是在为他当时的主子效力。

如果您能赦免他，让他来到您的身边，他同样也会保持那样的态度继续拼死为您效命的。"

齐桓公沉吟片刻，似乎也接受了这种说法，于是就问道："那么到底怎样才能使他顺利回到齐国呢？"

鲍叔回答说："需要向鲁国提出请求。"齐桓公说："鲁国有施伯这样的得力谋臣，如果知道我想起用管仲，就一定不会释放他。这件事可不是那么好办成的。"鲍叔说："我们可以派人去向鲁国提出要求，就说我们国君有一位不肯遵守命令的臣子滞留在贵国，需要在群臣面前处死他并树立威信，请将他交还给齐国。鲁国应该会同意把他释放的。"

于是，齐桓公就按照鲍叔所说的那样，立即派人向鲁国提出了遣返管仲的要求。在鲍叔的一番劝说之下，齐桓公终于下定决心捐弃一箭之仇，将此时仍在鲁国的管仲设计解救回国。此后不久，齐国的使者迅速来到了鲁国。

在接到齐国的请求之后，鲁庄公连忙向施伯询问对策。施伯回答说："齐国这么做，显然并不是想要处死管仲，而是打算起用他、重用他。据我所知，管仲是天纵奇才，他如果尽心尽力辅佐齐君，就一定会使得齐国称霸诸侯。一旦释放他，那就必将在日后成为祸患，深深地影响鲁国的安危。"

鲁庄公忙问："那该怎么办才好呢？"

施伯回答道："杀了他，然后把尸体交还给齐国！"鲁庄公于是准备下令处死管仲。齐国使者眼看形势不妙，坚持要求说："我们的国君希望亲自处决他，让他在群臣面前受刑，所以请求让他活着回到齐国。"

按照《国语》的记载，鲁庄公最终听从了齐使的劝说，派人把管仲捆绑起来交还给齐国。但是，《左传》的记载则有所不同，写的是齐国和鲁国因为管仲能否顺利回国还发生了一场战争。

公元前685年秋天，齐国和鲁国在乾时交战，鲁军大败，鲁庄公的战车都丢了，只能换乘轻车逃回。鲁庄公命令秦子、梁子打着自己的旗号藏在小路上作掩护，他们果然先后都被齐军俘虏。这样一来，两军就展开谈判。鲍叔代表齐桓公率领军队来鲁国说："公子纠是我齐君的亲人，所以请贵国君王代替我们齐国继续讨伐。但是管仲和召忽则是我们的仇人，将他们交给我们来处罚才会甘心。"公子纠因此被杀死，召忽被押送回齐国后随即自杀。管仲则立即请求鲁国人将自己押送回齐国。

拜 相

在经过一番操作之后，鲍叔终于看到了他想要的结果。管仲在回到齐国之后，立即就被释放，鲍叔再次提醒齐桓公说："管仲治国才能非常强，请尽管放心大胆地让他来辅佐您。"齐桓公随即任用管仲为相（相当于后世的宰相）。至于鲍叔自己，则心甘情愿地身居下位，充当管仲的助手。大概在鲍叔看来，治理齐国的说明书就装在管仲的大脑中，因此只有重用管仲才能帮助齐国走上强盛之路。因为鲍叔的无私推荐，管仲才走到了历史的台前，自此有了大展身手的机会。天下人往往在称赞管仲富有治国才干的同时，也夸赞鲍叔善于识别人才，敢于无私大胆地举荐人才。

按照《国语》的记载，管仲在将要到达齐国的时候，曾经三次熏香沐浴，齐桓公则亲自来到郊外迎接，见面之后还非常恭敬地请管仲坐下，虚心地讨教治国良策。

因为有鲍叔不遗余力的推荐，加上齐桓公也有着超越常人的宽宏大量，敢于捐弃一箭之仇，管仲才能走到齐国政坛的顶层，从此辅助齐桓公执政齐国四十余年（桓公元年至桓公四十三年，即公元前685年至公元前643年）。他在对齐国稳步进行了一系列政治、经济和军事改革之后，终于使原本内外交困的齐国逐渐走上强盛之路。

　　拜相之后，齐桓公经常召见管仲询问治国良策。管仲回答说，要想将齐国从纷乱的局面中解救出来，就必须早点定下图谋霸业的大计，致力于国家强盛，然后大修兵革，努力发展军事实力，通过发动争霸战争而展开自救，并且在诸侯之中树立威信。对于管仲的这些劝谏，齐桓公却显得有些信心不足，他说："我的目标是先坐稳国君之位，只是保住江山社稷而已，可不敢有什么好高骛远的非分之想，怕是无法实现这些远大目标。"管仲再次恳请，齐桓公再次婉言谢绝。对此，管仲感到有些失望，遂有辞职罢相之意。看着管仲转身离去的身影，齐桓公终于有所触动，随即将管仲召唤回来，一边流着汗一边说道："先生先别急着辞职，我们勉强试试，一起谋划争霸大业！"在这之后，君臣二人便有了一个长远目标，他们决心将满目疮痍的齐国治理成为富强繁荣的大国，从而在诸侯争霸的舞台上有所作为。

记载在《管子·小匡》中的上述对话，更像是出自后人伪托。当然，文中所描绘的那些情景，倒是能与齐桓公执政初期的情况保持吻合，也能够大致折射出齐桓公初登大位时的心态。管仲在面对齐桓公时显得胸有成竹，他对于齐国崛起有着充足的信心，经过了一段时间的接触和磨合，齐桓公也被逐渐感染，萌生并坚定了称霸中原的信心。管仲对当时周王室式微、诸侯争强的格局有着较为明晰的判断和把握，更对自己治国理政的能力有着非常强烈的自信，因此希望能在齐国政坛和春秋乱世有所作为。齐桓公在管仲的辅佐之下，执政地位也逐渐得到巩固，齐国国力渐渐得到提升，并在日后的争霸战争中成为主角。

二、治国理政

定民之居：确保恒产与恒心

在接回管仲之后，齐桓公确实像是找到了主心骨一样，经常虚心地向管仲请教治国之策。他当然希望能在政坛有所作为，但也认为齐襄公挖坑太深，因此显得信心不足。

齐桓公问管仲："我们的先君襄公喜欢游乐，不理政事，修筑高台，花天酒地，侮辱文士，沉湎女色，宫中嫔妃无数，佳丽如云。吃饭则一定要是上等佳肴，穿戴则一定要是华丽衣着。与之形成鲜明对比的是，将士们经常是挨冻受饿，战车破损严重，士兵吃饭往往只能吃侍妾剩下的粮食。襄公亲近倡优，却冷落贤人，国家因此无法做到日有所进和月有所长。而且，这样长期下去，恐怕是连宗庙都将无人清扫，社稷也将难以为继。请问，面对这些困难局面，我们应该怎么办才能迅速摆脱困境？"

既然齐桓公从先君谈起，管仲也使用同样的切入点。管仲回答说："过去那些先王，比如周昭王、周穆王等，都是努力效法文王和武王的政绩，从而成就美名。他们召集众多长老，用心考察民众中哪些才是真正具有德行之人，认真制定出完善的法令来作为大家的行为准则，注意及时地树立榜样，从而把全体百姓很好地维系起来。从中可以看出，他们非常注意从根本上解决那些貌似细枝末节的问题，善于使用赏赐等善行来积极地引导民众，同时也敢于使用惩罚手段来纠正罪恶行径和各种偏差之举。因为他们能够立下很好的规矩，所以才能够实现长幼有序。"

管仲描绘这种美好秩序的图景，显然瞬间激发了齐桓公的热情。听到只要做到这些就能获得成功，齐桓公立刻对未来充满期待。只见他连忙探下身子，关切地询问："那么，我该怎样做才行呢？"

见到国君能有如此谦恭的态度，管仲自然也要敞开胸怀，并且毫无保留。只见他胸有成竹地回答说："以往那些圣王在治理天下时，都是先把都城分为三个区，同时将郊野分为五个区，这就叫'三其国而五其鄙'，不仅可以确定民众的住地，还可以让百姓各安其业，同时也能设置合适的安葬之地来作为他们的人生归宿，这就需要谨慎地使用六种权力。"

"那么，怎么样才能使得百姓各安其业呢？"不等管仲说完，齐桓公就迫不及待地追问道。

管仲回答说："士、农、工、商这些不同身份的人，一定不能让他们混杂地居住，否则就会互相干扰，不再安分守己。"

"怎么样才能安排好士、农、工、商各自的住处呢？"

"过去的圣王都是把士人安排住在清静之所，把工匠安排住在官府附近，把商人安排住在市场周围，把农民安排住在田野之中。这么安排，自有一番道理。士人如果聚集在一起，他们的父辈在空闲之时就会互相谈论礼义，儿辈则能顺畅地交流孝道；有意侍奉国君的，往往讨论的是如何敬奉职守；年幼的晚辈，则会谈论如何促进兄弟和睦相处。如果能够从小就受到这类良好氛围熏陶，人们的思想就会变得安定，不再见异思迁。这样一来，父兄的教诲可以不必多加督促就能够达成，子弟的学习无须太过耗费精力就能顺利掌握，这样就可以确保士人的后代始终是士人。如果工匠聚集居住在一起，就可以更容易知道人们在不同季节的产品需求，同时也能更好地辨别产品质量的优劣，更好地衡量各类器材的用处，更方便他们合理地选用合适的材料。如果能够持续保持下去，就能够使得生产出来的产品更适合四面八方的需求；长辈在教诲子弟时，互相之间谈论和交流的都是工作、技艺和成果。因为从小就受到了很好的熏陶，人们的思想也容易稳定，不会朝三暮四。那么，父兄的教诲不用多加督促就能够很好地实行下去，子弟学习技能时就更加容易掌握。因此也可以保证工匠的后代始终愿意做工匠。

"至于商人和农民的情况，也与之类似。如果让商人聚集居住在一起，他们可以更容易了解不同季节的市场需要，更好地熟悉各处货源，更方便掌握市场行情。他们可以或背负或肩挑，或车载或畜驾，更加便捷地将货物运往各地，更好地使用已有物品来换取稀缺商品，更好地实现低价买进和高价卖出。他们如果从早到晚都在忙碌这些事，也用这些实际行动教诲后代，互相之间谈论的都是生财之道，互相之间交流的都是赚钱经验，互相之间展示的都是经营手段，那么人们从小就会受到很好的熏陶，思想安定，不会喜新厌旧。因此父辈教诲不用多加督促就能够很好地施行下去，子弟辈的学习也不必多费力气。也可以保证商人的后代始终经商。如果农民聚集居住在一起，就可以及时地了解不同季节的农事变化，更加方便地根据不同需求准备耒、耜、耞、镰等各种农具，冬天除草，修整田地，等待春耕的到来；一旦等到耕种季节，就可耕耘土壤，抓紧种植，等到春雨过后，就可以带着锄头从早到晚在田地之间劳作。他们或是脱去上衣，或是头戴草帽，或是身穿蓑衣，全身上下沾满泥土，即便是被太阳曝晒，也会使出全部力气在田里辛苦劳作。因为从小就受到很好的熏陶，思想安定，不会三心二意。父兄教诲同样很容易施行，子弟在学习技能时也会变得更容易，因此就能保证农民的后代始终是农民。他们长期居住在郊野也不容易沾染那些不良习气，那些能入仕做官的优秀分子足以信赖。官员如果见到这些人才却不愿意推荐，就需要受到处罚。"

管仲的核心观点是"士之子恒为士""工

之子恒为工""商之子恒为商""农之子恒为农"。这里所说的士、农、工、商，也许只是对当时林林总总的各种社会职业进行概括性归类，政府必须实施有序管理，确保社会稳定可控。战国时期的大儒孟子说"有恒产者有恒心，无恒产者无恒心"，所表达的也是这层意思，这也许是受到了管仲的影响。管仲希望通过定民之居实现社会职业的专门化，并保持传承有序的局面。当然，这也会使得社会各阶层相对固化，自然也会形成相对稳定的既得利益群体，因此在今天看来未必是最佳治术。但是我们也要看到他的这些主张，是在特定历史时期和特定范围之内推出的，因而具有相对的合理性。在漫长的封建社会，此举至少可以相对容易地达成社会秩序的稳定，因此更容易受到统治者的重视。

齐桓公当然也对此非常欣赏，并在齐国逐渐推行。他按照管仲设计的方案，分别划定百姓的居住地。齐国被分为二十一个乡，工匠和商人占据六个；士人和农民占据十五个，国君掌管其中五个乡，国子和高子也各自掌管五个乡。与此同时，也对大小国事继续进行细分并分别设官，有的主管群臣履职情况，有的主管工匠生产行为，有的主管商业经营秩序，有的主管川泽山林物产。管仲定民之居的设想，也由此在齐国逐步得到实现。

作内政而寄军令

得到充分信任之后，管仲可以更加专注地培植国家的经济和军事实力，司马迁曾称赞他说，"以区区之齐在海滨，通货积财，富国强兵"。管仲相齐佐政，首先是从治理国家的经济开始，而治理经济又是从发展农业着手，同时兼顾其他行业的发展。通过加大农业生产的投入，极大地提升粮食产量；通过发展商业推动鱼盐贸易，使得齐国变得更加富裕。在推行了一系列合理的经济政策和货币政策之后，齐国的经济实力得到一次跃升，从而奠定了日后称霸的基础。此后，齐桓公悄悄地整顿兵甲，专注于发展军事实力，迎来空前强盛的局面，进而拉开了争霸中原的大幕。

总体来看，管仲在齐国的军政实践，充分展示的是以力胜人的理念。在管仲看来，要想在春秋乱世立足，就必须先实现富国的目标，然后才能追求兵强马壮。唯有兵强马壮，才能实现"一匡天下"的战略目标。顺应时代的发展变化，务实的政治家和军事家都非常关注军事实力和经济实力的发展。管仲的种种努力，都是基于争霸战争的现实需求，并还原了战争的本质，可谓是先知先觉。重视实力营建，关注现实需求，他的治国理政方略抓住了最关键要素。充满务实精神的管仲，堪称齐桓公执政以来最大的收获。

在管仲的建议之下，齐国的整军备战都是悄悄进行的，用管仲本人的话说就是"作内政而寄军令"。管仲和齐桓公早期的对话，也颇值得玩味。管仲努力地向齐桓公灌输争霸策略，其中包含了几层含义：首先是夯实基础，稳步推进；其次是隐藏实力，不露锋芒；最后是顺势而为，称霸诸侯。"作内政而寄军令"实则是为了隐藏实力，这正是韬光养晦的明智之举。

这种分步推进的战略，可以从他们二人之间的对话中看出端倪。齐桓公曾经试探性地问管仲："我想在诸侯之中成就一番事业，您看能行吗？"管仲立即摇头回答说："不行，此刻国家还不够安定。"齐桓公忙问："那么怎样才能实现国家的安定呢？"管仲回答说："需要对已有法令进行清理和整顿，选择其中合理的进行修订后再颁布施行。要努力实现人口增长，并且救济贫困百姓，安抚各阶层民众，这样就可以保证国家走向安定。"齐桓公大喜："就按照您所说的这些推进。"

于是，齐桓公下令梳理已有的各种法令，选择其中合适的条款进行修订颁布。与此同时，还就如何增长人口和救济贫困推出了一系列政策。在安抚好百姓，初步实现国家和社会的稳定之后，齐桓公非常自信地问管仲："此时国家已经实现了安定，应该可以在诸侯之中有所作为了吧？"没想到管仲回答说："还是不行。这样大张旗鼓地整顿军队，修造盔甲和兵器，那么其他诸侯在得知消息之后，也会抓紧进行整军备战，我们会因此而难以实现自己的志向。等我们做好了进攻的准备，其他诸侯也早就做好了防御的准备，自然无法达成所愿。因此，如果想要迅速地在诸侯之中实现称霸的志向，就应该把自己想要做的事情隐蔽好，把各种战备工作寄寓在平时的政令之中。"齐桓公忙问："这要怎样去做才好呢？"管仲回答说："作内政而寄军令。"齐桓公大悦："非常好，立即照办。"

如果说"三其国而五其鄙"等定民之居举措的推出，更多是着眼于经济和社会稳定的话，那么"作内政而寄军令"则更多是立足于军政实力的提升，尤其是达成军事指挥的高效率，并且使得备战工作可以悄无声息地推进，从而进一步朝着图谋霸业的目标扎实地稳步推进，可以积极而又隐蔽地进行各种准备工作。管仲是一位智者，他想要真正地有所作为，就不会急于在诸侯之中秀肌肉，喊打喊杀，而是深谙韬光养晦之道，将自己的实力深深地隐藏起来。

《国语》记载了管仲"治国"的基本策略：

> 五家为轨，轨为之长；十轨为里，里有司；四里为连，连为之长；十连为乡，乡有良人焉。以为军令：五家为轨，故五人为伍，轨长帅之；十轨为里，故五十人为小戎，里有司帅之；四里为连，故二百人为卒，连长帅之；十连为乡，故二千人为旅，乡良人帅之；五乡一帅，故万人为一军，五乡之帅帅之。三军，故有中军之鼓，有国子之鼓，有高子之鼓。

在管仲的主导之下，齐国编为三军，中军由国君亲自统率，另外两军则分别由国子和高子率领。齐国军队在春天以春猎的名义进行整顿，在秋天则按照秋猎的名义展开操练。乡民的编制序列分别是：轨、里、连、乡，其中所寄寓的军令则是：伍、小戎、卒、旅、军。这样一来，不但是卒、伍一级的小队伍得到合理编组，就连军、旅一级的大兵团也可以合理组成。这种设计的高明之处就在于，能够很好地在内政中寄寓军事组织，并且束缚住民众，谁都不得随意迁徙。同伍之人在祭祀之时同享酒肉，在死丧之时则集体哀伤，一旦遇有灾祸则须共同承担。人与人相伴，家与家相随，世代都是同住一地，从小就在一起游戏，因此夜间作战时能听清声音，而且不会发生误会；白天作战更是可以相互看见，足以认识并熟悉同伙。因为有血缘地缘关系，如果有欢乐和愉悦的心情，则能促进他们团结互助，拼死作战。这就能达成"居同乐，行同和，死同哀"的效果：居家时能够共同欢乐，行军时能够确保亲密无间，一旦战死则同此哀伤。守则同固，战则同强。齐国即便仅拥有三万名战士，也足以横行天下，达成讨伐无道和保卫王室的目标。因为天下诸侯，已经没有可与之匹敌者。

　　齐桓公与管仲在齐国大力推行"作内政而寄军令"的社会组织改革，把居民的乡里组织与军队的组织编制结合起来，设计出一套别具齐国特色的社会组织结构，亦即通常所说的"什伍"结构。春秋以降，随着礼乐崩坏的加剧，社会越发动荡，人口加剧流动，旧有体制已经无法有效对社会施行控制和管理，因此管仲才会推出如此策略，意在加强对民众的管理，促成社会稳定，民众也能各安其所。管仲思虑深远，在确保社会稳定的基础之上，也借机提升了国家的战备和国防动员管理水平。

　　当然，"三分齐国，以为三军"，也许是对前人"三其国"经验的借鉴。在《国语·齐语》中，管仲说："昔者圣王之治天下也，三其国而五其鄙。"可知"三其国"并非管仲首创。而且，"国"本指城市，管仲受"三其国"的启发，施行"三分齐国"的措施，不仅有效地加强了对于国民的掌控力度，而且通过设立三军，提高了军队的快速机动能力和应急作战能力。

　　"作内政而寄军令"的基本精神是寓兵于农，也有人说就是"寓兵于农"。战国时期的法家模仿了这种设计，所有人都是平时种地战时当兵，都是全能战士，举国皆兵。但是，管仲的这种设计，起初的目的是实现"事有所隐而政有所寓"，悄悄地推进富国强兵运动，为将来的争霸战争悄悄地做好准备工作。这是国防体系建设的创举，和战国时期的法家还不太一样。战国时期的法家，已经是赤裸裸地推进战备。有关此项制度，《左传》记载不多，《管子》和《国语》中有不少记载，但也存在着些许差异，因此偶有人对此产生怀疑。当然，大多数学者对此还是予以认可。

历史学家雷海宗认为，齐国的农民在管仲变法之后有了当兵的义务，但并不是全体农民都可以当兵，而是选择其中的优秀分子。所谓"寓兵于农"，也有人认为自周代即已施行，管仲也仅是受到前人的启发而已。有关改革，齐国一直在努力推进，而且确实对争霸战争起到了效果。以地域和宗族血缘为纽带的关系组建起来的部队，战场上能够团结互助、同仇敌忾、协同作战，既照顾到平时的生产和生活，也利于战时迅速定编、迅速投放战场从而迅速地形成战斗力。既实现了集中统一的指挥，也不破坏宗族之间的亲情，并使得军队能够在战场上最大程度地团结互助，就此提升军队的战斗力。

通过"作内政而寄军令"，齐国不仅很好地隐藏了自己的战略企图，还对社会结构调整以及缓和各阶层之间的矛盾起到了积极作用。农民在管仲变法之后也有了当兵的义务，其中的优秀分子也可以借此机会而获得社会阶层的提升。齐国并不一定从此开始成为全民皆兵的体制，但军队的规模在不断扩大，不再只是由国士冲锋陷阵。齐国的国力和军力，都因管仲的这一巧妙设计而获得极大提升。

战国时期，管仲学派尝试结合田齐的实际对其有所突破，寻求进一步的发展，但大体上仍未能跳出管仲所制定的框架。清代军事家曾国藩为对抗太平天国起义军而组织的湘军，也极具宗族色彩而强调以地域和血缘为纽带，因而部队比较团结，战斗力极强，这或许也是受到了管仲的启发。历史学家侯外庐认为："《国语·齐语》所载管仲家、轨、里、连、乡的征兵制度虽难确信，但这种由邑成县成郡的氏族纽带，倒是后世三老五更、三长制以至保甲制的渊源。"管仲"作内政而寄军令"的创举，其影响与意义由此可见一斑。

加强监管，举贤任能

　　齐国因为有管仲的出色辅佐，正在发生蜕变。通过"三其国而五其鄙"实现定民之居，通过"作内政而寄军令"隐藏己方的战略意图，齐桓公对齐国的管控力度也变得越来越强。严密的管控制度，在定民之居的基础上，再辅以层层监管而得以实现，可以确保各项措施得以顺利推进。齐桓公采取的办法是抓住乡长和五属大夫，通过他们来选拔人才，举贤任能，也通过他们发现违法分子，惩治罪犯。与此同时也建立严密的考察和监管制度，各级官员都不敢有丝毫懈怠。

　　管仲治国理政，非常重视选拔人才、重用人才，同时也建立了比较严格的人才选拔和考核制度。如果发现能力出众者，国君甚至会亲自接见；如果发现了没有报告则是"蔽贤"，会被视为犯罪行为。推出这样的人才选拔和考核制度，实则是对"世卿世禄制"的突破，使得品德好且能力强的普通民众也有了上升渠道，从而在治理国家的过程中发挥积极作用。

　　每次正月初一朝见国君时，齐桓公组织乡

长们逐一汇报工作。齐桓公亲自了解各种情况，他警告各位乡长说："在你们的乡里，如果发现平时非常聪明好学，而且懂得孝敬父母，在当地已经有一定名声的人才，就必须要向上级报告。如果发现这样的人才却不及时报告，就叫埋没贤良，我要判你们五刑之罪。"得到提醒之后，主管有关事务的官员立即开始组织报告。

齐桓公又提醒乡长们说："如果在你们的乡里发现身体强健而且勇气出众之人，必须立即向上级报告。如果发现这样的人才却不报告，就叫埋没贤才，同样要判处五刑之罪。"主管官员立即认真组织报告，再唯唯诺诺地退下。

齐桓公又对乡长们说："如果在你们的乡里发现那些不孝敬父母和不懂得友爱兄弟的人，骄横残暴又不肯服从命令之人，同样必须立即向上级报告。如果发现这样的人却不及时报告，这就叫包庇坏人，同样要判处五刑之罪。"主管相关方面事务的官员立即如实报告。

在形成惯例之后，乡长们回到乡里都注意培养和发现那些品德优良的贤能之才并及时地进行举荐。齐桓公还会亲自接见这些被推举的人才并授以相应官职。齐桓公设置专门的官员负责每年及时地记录那些有功之臣，以便上报备案，同时命令官员注意从中遴选出贤能之才并及时提拔。至于判断官员贤能与否，也制定了考察标准，比如功劳卓著且品德高尚，作风正派且能力出众，处事谨慎并能不失时机，善于治理百姓并能及时制止诽谤等。对于那些不称职的官员，则及时地进行撤换和处置。

对于被推荐的人才，齐桓公不仅亲自召见，还要和他展开谈话，通过对话来审察其基本素质，看他是否能够担负重任处理国事。有时候，齐桓公还会故意设置一些难题来进行考核和诘问，通过各种"考问"来观察举荐之人是否真正具备了任职能力。由乡长推荐，经专门的官长选拔，再经国君亲自面试，这叫作三选。国子和高子都认真地整治乡政，乡长则严格整治连政，连长则严格整治里政，里有司负责整治轨，轨长负责整治伍，伍长负责整治家，层层监管，逐级负责，齐国由此而建立了初步的人才选拔和任用制度。这样一来，凡是遇到出色的人才，都可以及时地推举，遇有恶人，也会给以相应的处罚。按照政令规定，乡里建立长幼次序，朝中建立爵位等级，不得逾越。德行不佳的男人不能入伍，德行欠缺的女人不能外嫁。这样一来，全体百姓都能努力向善。大家都不敢只逞一时痛快，而是制订相对规范的计划，甚至有终身建功立业的打算。

为了保证合理的政令能够畅通无阻地执行下去，管仲除了划定百姓的居住地之外，还在全国分设五属，派驻五位大夫，也即"五属大夫"，由他们各自治理政事，但同时也再设五位政长，行使监察各属政事的职能。也就是说，政长的职责就是监察五位大夫的理政情况，各层各级都施行与之类似的监督机制，确保官员不会行为放荡，政策不会受到怠慢。

五属大夫须经常汇报工作，到了这时候，齐桓公会挑选他们当中政绩较差的进行谴责："既然划定土地和分配百姓都大致相同，为什么只有你们这里没有做出更好的成绩？如果因为教育不善，政事未能得到很好的完成，一次两次还可以原谅，但是如果胆敢再有第三次那就不能宽大赦免了。"通过这些选拔贤能、惩治罪犯的举措，政令得以逐步确定。管仲和齐桓公都相信法则和监管的力量，用来守国则固若金汤，用来进攻则无坚不摧。

在管仲看来，通过"作内政而寄军令"的体制设计，不仅可以向民众灌输遵守制度和法令的意识，也能让全体民众在平时养成严格遵守赏罚制度的习惯，他们因此而可以通晓军事法令，遇到战争，被临时投放到战场上，也能懂得基本的进退之道。既然想达成寓兵于农，一般民众在农闲时节也要参加有组织的训练，即类似于民兵训练的田猎活动。这被视为训练士众搏击技巧和培养其胆魄勇气的重要手段之一。在训练中，任何人不得找借口逃避，不得有丝毫懈怠。"且以田猎，因以赏罚"，便是管仲与齐桓公在探讨如何组织田猎活动时提出来的。这样做，一方面使百姓自此通晓军事，另一方面也可以让他们自此开始习号令，守纪律，知赏罚。在平时就能练就杀敌本领，并增强遵守纪律听从指挥的意识。

齐国一直有重武尚勇的传统。姜太公入主齐国之后，便非常注重对齐国民众进行军事技能训练，并在其后的开疆辟壤过程中有着赫赫武功。顺延至管仲，他也同样以强兵作为急务，尚武之风也在齐国渐渐形成。曾讲学于稷下学宫的荀子就指出过"齐人隆技击"的特点。齐国重视培养士众的技击能力，并作为传统一直保持，且在绵延春秋、战国两世五百年的争霸战争中发挥了积极作用。

守法的观念在平时就得以树立，管仲因此被不少后学奉为法治的先行者也在情理之中。战国时期继承管仲意志的齐法家，似乎更喜欢使用"重禄重赏"的办法来鼓舞士卒，激发斗志，这似乎也是受到了管仲的影响。基于人性好利的认识，他们相信人类有着趋利避害的本能，因此可以通过重赏来激发斗志。管仲后学非常重视奖赏有功的士卒，类似观点在《管子》书中时不时就可以看见。如果有士兵在战争中立了战功而不幸丢了性命，则仍要赏至死者之身后，让死者家眷能够享受战功。在《管子》书中，《轻重甲》《轻重乙》等篇均有齐桓公与管仲对话，其中不少都谈及厚赏，虽大多为管仲后学伪托，但基本原则得自管仲。

罚和赏貌似对立，但互相之间并不矛盾，都是为了治理军队和打赢战争。管仲后学更偏重于赏并托于管仲之口说出。战国时期的法家，比如《商君书》中认为通过奖励和厚赏，可以使得"边利尽归于兵，市利尽归于农"，这样便可以在全国形成"民闻战而相贺"的风气，将士们才会在战场上奋勇杀敌，确保战无不胜。当然，各地都有法家积极活动的身影，他们都想建功立业，基本主张有同有异。在赏罚及轻重问题上，渐渐也产生了较大分歧，有的主张重罚重赏，有的主张重罚轻赏，有的甚而主张重罚不赏，从而逐渐流于刻薄和峻峭。相比之下，管仲后学则比较倾向于主张轻罚重赏，算是对刻薄寡恩的法家一派进行了某种程度的改良。

仓廪实，衣食足

齐国在经过荒淫无道的齐襄公之世后，又经历了一段乱世，显然已经元气大伤。齐桓公执政之初，可谓百废待兴。管仲主政齐国，首先面对的就是经济衰败的难局。经过一段时间努力，不仅重新恢复了国家的经济实力，同时也极大提升了军事实力。因此，司马迁曾称赞他说："以区区之齐在海滨，通货积财，富国强兵。"

管仲相齐佐政，首先是从治理经济入手，治理经济又以发展农业作为突破口。他通过加大粮食生产的投入，极大地促进了粮食的产量。他还因地制宜，发展工商业，鼓励百姓入海捕鱼，使得齐国沿海的渔业资源得到充分利用。通过设置盐官，管仲使得离海较远的诸侯国不得不依靠齐国供应食盐。这一系列合理的经济政策和货币政策的推出，使得齐国的经济获得强劲发展。平均社会财富和防止垄断经营的做法，也受到百姓的广泛拥护。通过一系列合理的经济政策和货币政策，齐国在经济实力上完成了一次跃升，从而奠定了成就霸业的基础。管仲非常清楚，达成甲兵之强，第一步必须要力求实现经济繁荣，因而对发展经济孜孜以求，积极地开发民力。面对异族交相入侵的危险境地，齐桓公也只能充分放权，对管仲委以百倍信任，君臣携手推进经济建设。

《国语·齐语》中记载了"相地而衰征"的赋税制度，也是管仲积极开动脑筋所想出的新策略。齐桓公问管仲："五鄙应该怎样才能治理好？"管仲回答说："必须要按照土地肥瘠程度的不同，逐级降低征收赋税的标准。这样一来，百姓就不会轻易迁徙。至于山林河泽，也可以依照时令变化合理地开放或者封禁，百姓不能随意出入其中，不能随意地砍柴和捕猎，从而使得各种资源都能更好地得到保护和利用。至于陆地、土山和井田等，如果努力实现公平分配，百姓自然就不会心生怨恨。如果为政者不随意侵夺农时而贻误农事，百姓就能逐步获得富足。祭祀即便需要用到牲畜，但也不可过度屠杀，这样一来牛羊就能大量繁殖后代，百姓的收入可以逐步增加。"

管仲的目标是，货物能够更加便捷地流通，财富可以大量地聚积，而且要在确保国家走向富强的同时，民众也能变得富足。他的名言——"仓廪实而知礼节，衣食足而知荣辱"，至今记载在《管子》书中。在管仲看来，只有仓库储备充实，百姓才能逐渐懂得礼节并重视礼节；只有衣食丰足，百姓才能逐渐学会分辨荣辱。而且，只有国君的所作所为都合乎法度，所谓"六亲"才能逐步得到稳固。因此，管仲高度关注民生。"四维不张，国乃灭亡"，同样是经久流传的名言。所谓"四维"，是指礼、义、廉、耻。一旦国家丢失了这些，就会逐步走向灭亡。但是想要做到这些，还必须确保一个基本的前提，那就是"仓廪实"和"衣食足"。因此管仲希望齐桓公也能关注民生，注意收集民意并及时地调整施政策略。下达政令时，就应该像流水一样顺畅，能够顺着百姓的心意一直往下流淌。只有确保政令符合下情，才会更加容易推行。如果是百姓想要得到的政策，那就该大胆地推出；如果是百姓极力反对的法令，那就应该及时地替他们废除。

《管子·牧民》被不少人认为系管仲自著，著名史学家司马迁也这么认为。从该篇可以看出管仲治国理政的基本策略，既有理想信念，也具务实精神。管仲虽然积极提倡统治者顺应民意，但也提醒注意防止普通民众出现"四欲"和"四恶"等不良情况。"四欲""四恶"对民众的各种不良品行进行归纳和总结，包括：恶忧劳，欲逸乐；恶贫贱，欲富贵；恶危坠，欲存安；恶灭绝，欲生育。从中可以看出，管仲不仅对各级官员设有监督机制，也对普通民众建立问责制度，都以惩处措施作为威慑手段。

在包括司马迁在内的众多人心目中，管仲是一位杰出的经济师。他的那些治国理政思想，因为《国语》和《管子》等典籍，而得以部分保存。尤其《管子》书中，总结和发挥管仲经济政策而成的《轻重》共有十九篇，占据了相当大篇幅。这也侧面反映了一个事实，即齐国成就霸业的重要基础，就是其长期积累的强大的经济实力。在古代社会，一个国家经济的贫富，往往取决于生产和储备粮食的多和寡。在先秦时期的争霸战争中，粮食始终是非常重要的军备物资，在用兵之前尤其要搞清楚粮食储备情况。那时候的人们称之为"务本"。"本"，即指农业。当时不少政治家都将农业视为一切经济生活的基础。农业问题关系百姓衣食的根本，是国家生存的基本条件，也是夺取争霸战争胜利的必要保障，因此必须给予高度重视。这正如《管子·治国》中所说的那样："不生粟之国亡……粟也者，民之所归也；粟也者，财之所归也；粟也者，地之所归也。粟多则天下之物尽至矣。"

春秋战国时期，战争连绵不绝，迫使各国统治者都高度重视发展农业。战国时期的法家对此尤为重视，管仲对此更是洞若观火，是战国法家的祖师爷。以李悝、商鞅等为代表的早期法家鉴于当时形势，主张"尽地力""尚首功"，并以"耕战"作为基本国策，以谋求经济实力和粮食储备为出发点，从而在诸侯争雄的局面中迅速收到实效并占得先机。如果粮食丰足，百姓就会归附，天下的财富也会伴随而来，才可以争霸图强。反之，如果国内经济贫弱，粮食生产跟不上，却一味穷兵黩武，长期致力于对外战争，就必然会导致政权颓败。管仲后学着重挖掘管仲思想的富国强兵理念，并以此指导齐国政治和军事斗争实践，使得齐国迅速成为与魏国匹敌的强国。管仲后学在《管子》中进行了更进一步阐述，如："国贫而用不足，则兵弱而士不厉；兵弱而士不厉，则战不胜而守不固；战不胜而守不固，则国不安矣。"由此可见，管仲强调先富国再强兵的理念，被后学不断地总结和继承。

扶持商业，农商并重

对于商业的扶持，也体现出管仲超人一等的眼光。管仲在齐国实施定民之居的策略，主张将士、农、工、商各自规定居住地，商人实则与工、农、士取得同等地位。既然"商之子恒为商"，商人自有其存在的价值，这正像是"农之子恒为农"一样。虽说农业被视为"本"，但是管仲并不贬斥商人，而是主张农、商并重。这一点也与战国时期的法家有着很大的区别。如果战国法家非得将管仲视为先驱，这一点怕是首先会遭到否认。仅就对待商人的态度来看，他们在基本理念上有着天壤之别。

　　不排斥商人，也许和管仲早年曾有经商的经历有关，管仲对于各行各业所承担的作用有着清晰认识。此外也与齐国的传统有关。齐国在太公望立国之初，便开始重视商业。据《史记·齐太公世家》记载："太公至国，修政，因其俗，简其礼，通工商之业，便鱼盐之利，而人民多归齐，齐为大国。"齐国逐渐成为大国，与太公重视工商之业有着很大关系。姜太公善于因势利导，他的合理做法因此而被管仲欣赏和继承。管仲主张"商之子恒为商"，为商人划定固定居住之地。因为聚集一处，更容易交流经商经验，更方便掌握市场行情，可以更好地利用稀缺商品赚取利益，因此更容易成为经商高手。

　　在管仲的支持下，不仅官商获得快速发展，私商也在默许之列，并逐渐活跃。《国语·齐语》中说："通齐国之鱼盐于东莱，使关市几而不征"，这显然是在说齐国与诸侯的鱼盐商贸。既然说"通"，估计此前曾经有"禁"。在管仲的主导下，诸侯能够更加便利地获取齐国的鱼盐，税收也有所降低，加速了货物流通。齐国市场繁荣，成为工商业中心，与管仲的努力密不可分。农商并重，也有力刺激了工商业发展。管仲在降低关税的同时，也加强了货币管理，特地设置掌钱币之官，《史记》中称之为"设轻重九府"，可对商贸进行规范管理并使得齐国从中受益。所谓"轻重"，本指货币，引申为经济管理之术。《史记·平准书》记载齐国的情况是："农工商交易之路通，而龟贝、金钱、刀布之币兴焉。"齐国的货币经济由此而变得非常发达，这是重视商贸的必然结果，也大多出自管仲之力。管仲后学集中研习管仲的经济思想，留下了多篇有关"轻重"的专题论文，至今还有不少保留在《管子》一书中。《史记·齐太公世家》中记载了齐国通过"轻重之术"来发展经济的做法："桓公既得管仲，与鲍叔、隰朋、高傒修齐国政，连五家之兵，设轻重鱼盐之利，以赡贫穷，禄贤能，齐人皆说。""鱼盐之利"是概指齐国物产，当时的齐国除了鱼盐之外，蚕丝业也非常发达，还是天下蚕丝业的中心。《汉书》中记载齐国"号为冠带衣履天下"，也正是在说明这一情况。齐国的丝织品非常华丽，鲜洁如冰，乃至天下人都非常向往，不停地从齐国购买。因此齐国才能够实现"赡贫穷"和"禄贤能"，乃至达成"齐人皆说"的效果。

《管子·大匡》中说："桓公践位十九年，弛关市之征，五十而取一"，这确实道出了齐国当时通过降低关税促进贸易发展的史实。当然，《管子》一书中，已经有了"重农抑商"思想，这应该是受到战国时代风气的影响。战国时期奖励"农战"，法家主张通过立法的形式强化农业，至于商业、手工业等都会受到打压，强迫人们纷纷转向农业生产，努力实现全民皆农，人人致力于粮食生产。这一点在商鞅身上体现得最为明显，商鞅变法伊始即公布"垦草令"，已经将这一基本精神大白于天下。所谓"重本抑末"，也即"重农抑商"，意思是积极扶持农业并有意打压手工业和商业。为了刺激农业的发展，战国法家甚至主张将那些从事工商业或懒惰而致贫困者收为官奴。全面皆农，禁止工商业正常发展，显然违背了社会生产的正常规律，并非合理选择。

管仲不仅重视商业，根据《管子》等书的记载，他甚至已经有了实施"商战"的思想主张，甚至也有具体实践。这些或许可以视为早期的"贸易战"。在春秋时期，诸侯国之间势均力敌，而且还境壤相接，因此互相之间必然会有贸易往来，发生所谓的"商战"也很正常。事实上，一国的经济安全，乃至国家安全，往往会受到来自邻国的经济方面的威胁，因此需要制定合理的对外经济政策。在《管子》中就记载了管仲使用经济手段制服诸侯的案例。这些诸侯包括鲁、梁、莱、莒、楚、代和衡山等，确实反映出当时惊心动魄的商战，或者说是贸易战、经济战。因此，我们甚至可以将管仲视为古代实施商战的鼻祖。

《管子·山至数》中有一段对话，就是很好的例证。齐桓公自以为天下已尽在掌握，管仲提醒他，这时应当通过涨跌物价和调节货币，来确保国家的经济安全。也就是说："为诸侯则高下万物以应诸侯；遍有天下，则赋币以守万物之朝夕，调而已……"正是因为管仲善于运筹帷幄，重视商业，而且也有合理的对外经济政策，齐国才能从诸侯国中率先崛起。著名学者梁启超指出，"以齐之国势，宜永为诸侯弱，而管子能用之以致富强匡天下者，何也，则所以善用对外经济政策得其道也"。

《管子》中系统阐述了管仲的经济政策，也描述了"贸易战"的大致情形。通过卓有成效的

"贸易战"，也可以克敌制胜，获得与军事斗争相似的效果。在《管子·轻重甲》中，齐桓公问管仲用兵之法，管仲回答说，可以利用齐国已有的经济实力使用经济战，如果使用得当，那就可以达到和战争一样的效果。

管仲追求胜利，并不只是倚仗战争，其实也努力追求"至善不战"。我们都知道孙子的名言"不战而屈人之兵"，《管子》的"至善不战"也是要达成这个目标。孙子主张要善于利用计谋，但是管仲主张的这种"至善不战"是可以通过贸易战实现的。在《管子》的《轻重》篇中，记录这种贸易战总共有五次。通过《管子》的记录，我们得知管仲曾将此法作为一种用兵之法，并屡试不爽。这些记载是否完全属实，我们尚且需要进一步发掘，但至少能说明管仲学派确实是在用心阐述并继承管仲的经济思想。

中国古代的传统是"以农立国"，一直到了晚清时期，有识之士大力提倡发展工商业。马建忠提倡将外贸放在首位，认为欧洲各国"无不以通商致富"，希望"精求中国固有之货令其畅销"。薛福成也主张抛弃"以耕战为务"的守旧观念，希望推出"以工商为先"的政策。他在

《筹洋刍议·商政》中指出："昔商君之论富强也，以耕战为务，而西人之谋富强也，以工商为先，耕战植其基，工商扩其用也。"郑观应同样积极主张发展工商业，以此实现"求富"和"求强"的目标，他批评保守派"以农立国"的理念以及"商为末务"的迂腐之见。在他看来，近代西方走向富强道路的根本原因，就是充分重视和大力发展工商业。

晚清兴起的有关"重商"的种种主张，是对管仲的一种积极回应。虽说洋务运动等自强措施没有取得预期效果，但管仲却意外找到了一批隔世的知音。其中尤以维新派康有为、梁启超为代表。康有为在给光绪皇帝上书时，曾多次引用《管子》文句，并且劝谏光绪皇帝"考《管子》，师其经国之意"。梁启超还给管仲立传，并极力夸赞："遍征西史，欲求其匹俦者而不可得。"管仲治国理政都深得要领，农、商并重，积极发展工商业，可谓眼光独到。他的这些治术在经历千年时光之后，不仅没有落伍，反而越来越受重视。

三、霸业初成

长勺遇挫

在管仲的出色辅佐之下，齐桓公执政不久之后便初步稳定了齐国的经济，并且走上强盛之路，由此而有了与天下诸侯一争高下的雄心。他不时召见管仲，询问争霸计策，但也因为急于求成，反而屡遭失败。因为与鲁国有着千丝万缕的恩怨，齐桓公明显地急于对鲁国用兵，因此发生了不少纠纷，其中最著名的就是长勺之战。

在战争之前，管仲曾极力劝阻齐桓公，希望齐桓公首先取得民众的认可，设法安抚民众，悄悄地积蓄力量，而不是急于对邻国用兵。管仲对于齐桓公的这些劝告，在《管子》等典籍中可以看到记载，不知是否出自管仲后学的伪托。齐国和鲁国是山水相连且恩怨纠缠的近邻，齐桓公和鲁庄公之间又有着另外一重有关拥立的恩怨，因此无论管仲有没有进行劝阻，战争终究还是要发起。至于战争结果，则不出意外地以齐军大败而宣告结束，战争结果更能说明齐桓公发起此次战争的随意和草率。

对于齐国此前提出的一些要求，鲁国也曾尽量予以满足，包括斩杀公子纠、送回管仲等。也许正是这些原因，齐桓公将鲁国当成可以随意拿捏的软柿子，执意通过攻打鲁国来证明自己。但此时的鲁国并非真的可以随意拿捏的对象，鲁国上上下下都做好了迎战的准备。

得知鲁庄公下定迎战的决心，曹刿忽然打算求见。他的同乡劝阻说："战争那些事，每天都有一群吃肉的人在那里谋划，你这样的又有什么理由参与其中呢？"曹刿说："怕是那些吃肉的人鄙陋有余，灵活不足，并不能进行长远考虑和英明决策。"因此他执意入宫觐见鲁庄公。

二人见面之后，曹刿就毫不客气地问鲁庄公："您凭借着什么资本来和齐国作战呢？"

鲁庄公说："如果我有吃的有穿的，从来不敢独自享用，一定会分一些给别人。"

很显然，曹刿没能从这里找到取胜的信心，他说："这些只是小恩小惠，而且不能遍及更多人，怕是百姓不会认同这些。"

鲁庄公连忙又说："祭祀使用的那些牛羊玉帛，我从来不敢虚报夸大数目，祝史祷告时也一定反映真实的情况。"

没想到曹刿还是不为所动地说道："这也只是一点小小的诚心，而且也不能代表一切，神明怕是不会降福。"

鲁庄公只好继续辩解："我们经手的大大小小案件，虽说无法完全探明底细，但一定是努力做到合情合理地办理。"

到了这时候，曹刿面部的神经忽然松弛了下来，说："这正是为百姓尽心尽力的一种表现，凭借这一良苦用心，就可以和齐国军队作战。打仗的时候，请允许我跟着一起参加战斗。"

等到两军交战时，曹刿主动要求和鲁庄公同乘一辆战车，齐鲁两军在长勺展开决斗。眼看交战阵势已经形成，鲁庄公也准备击鼓迎战，却遭到了曹刿的阻拦。曹刿说："这个时候还不适合发起冲锋。"等到齐国人接连击打三通鼓之后，曹刿忽然说："可以发起攻击了。"

结果鲁国军队势如破竹，齐军大败。受到鼓舞，鲁庄公指挥战车准备立即展开追击，却遭到曹刿的阻拦: "还不行, 需要等等。"

只见曹刿跳下战车, 仔细查看齐军战车撤退的车辙, 然后再登上车仔细朝前远望, 然后沉着而坚定地说道: "可以追击了。" 鲁国军队随即展开追击, 取得一场酣畅淋漓的胜仗。

战胜强敌之后, 鲁庄公关切地向曹刿讨教取胜的原因。曹刿回答说: "两军交战, 全凭勇气。击第一通鼓可以振奋勇气, 等到第二通鼓, 勇气就会降低不少, 再等到第三通鼓, 勇气就会消失殆尽。对手的勇气逐渐消失, 我方的勇气刚被激发, 因此我们就可以战胜他们。齐国是大国, 他们的情况难以捉摸, 即便是撤退途中, 也怕是会设下埋伏。我下车仔细查看他们的车辙, 发现车辙已经乱了, 又登上战车远望, 发现他们的旗帜已然纷乱, 甚至有的已经倒下, 这说明齐国军队确实已经溃败, 所以才敢下令追击他们。"

齐鲁 "长勺之战" 在《左传》中有简短的记载, 虽说整体篇幅有限, 却非常精彩。战前准备、战争决策、战场分析、战后追击等要素都一应俱全, 就连指挥员的作战决心和临战表情等, 也都跃然纸上。我们从中不仅可以看到一个从容不迫、富有主见且指挥得当的军事家曹刿，而且还仿佛从中看到齐桓公落败之后的窘迫之情。

虽然《左传》没有记载齐桓公和管仲直接参与指挥的情形，但这次战争的失败想必对他们有着很大的影响。鲁国在春秋战国之世始终是二流乃至三流国家，虽说周代的礼乐文明在这里有着较为忠实的继承和保存，但军事实力毕竟有限。齐国连这样的小国也奈何不得，当然无法奢谈争霸中原。换一个角度来看，这次战争失利也不全是坏事，至少能警示齐桓公，可以逼迫齐国和管仲潜下心来谋求发展，下大力气提升军事实力。

通过长勺之战，鲁国意外发现了曹刿这位杰出的军事人才，也会重新认识齐国，重新定位齐国和鲁国的关系。鲁国的胜利难免会让自己产生错觉，意识不到齐国将会很快崛起，最终鲁国不仅再无翻身之力，甚至只能仰其鼻息。此战之后，曹刿因为有着出色的表现，受到了鲁庄公的重用。此后他还会在与齐国的交锋中再次登场亮相，继续给齐桓公和管仲留下非常不愉快的体验，这些内容姑且留待后面再说。

从出土文献中也可以看出鲁国的曹刿确实有着出众的军事才华。上博简《曹沫之陈》据说与曹刿有着密切关系，竹简文献主要记载的是曹刿和鲁庄公的对话，其中体现的则是曹刿的军事思想。这是一部先秦时期的政治军事学著作，其中最重要的主题是探讨军事与政治的关系问题，也对如何做好战争准备以及如何谋划进攻方略等进行了探讨。在这本书中，曹刿认为，战争胜负不仅取决于军事力量的强弱或军事谋略的高下，同时也与平时的训练准备、人心向背和政治因素等息息相关。此外，国君的作用也不可忽视，如果国君重视军事，并且做好平时的训练和战备，就可以在战争中占得先机。此外，该书对于进攻战术和防守方法等，也有或多或少论及。如果上博简《曹沫之陈》果真是曹刿论兵之作，无疑更加全面地展示了他的军事才华，也能从中窥见春秋时期军事斗争的一般情形。

执意冒进的齐桓公

鲁国在取得对齐国的胜利之后，再次无视宋齐联盟择机击败了宋国，这也逼迫着齐桓公需要重新打量一下这个并不友好的邻居，并认真地思考下一步的行动计划。

当时，齐国和宋国初步达成结盟，并将军队驻扎在郎。鲁国的公子偃说："宋军军容不整，我们可以乘机发起袭击，打败了宋军，齐国军队必然会回撤。"鲁庄公没有采纳他的建议。公子偃私自率部发起攻击，给战马蒙上了老虎皮，宋军非常畏惧。见此情形，鲁庄公也只能硬着头皮领兵发起攻击，直至将宋军击败。齐军果然只得沮丧地回国。

两次用兵都没有取得理想战绩，这自然会让齐桓公感到非常窝火，于是就找到谭国出气。当初齐桓公在外逃亡时经过谭国，谭国人对他并不友好。等到他回国即位，诸侯纷纷前往祝贺，谭国仍然没有派人登门。于是，到了冬天，齐桓公就派兵灭了谭国。谭国因为对齐桓公不够礼貌而就此亡国，国君只能匆忙地逃到莒国避难。

即便是与宋国联手，齐国仍然没有占得便宜，只得无功而返。这说明鲁国当时不可小视，而且确有能人辅佐。齐桓公在接连对外用兵失利之后，只得专任管仲为政，并在对外战略上进行大规模调整。此后数年，齐国与诸侯基本相安无事，因为一旦有逞强的欲望便会很快遭到打击。这大概是在提醒齐桓公只能正视现实，更加专心地集中力量搞建设。齐国由此开始更加明确经济为先的理念，致力于内部发展，并迎来一段快速发展的时期，为日后长期称霸打下了更加扎实的基础。

当然，从《管子》等书也可以看出，齐桓公和管仲之间也经常会发生矛盾，也会在内外政策的选择上发生分歧。貌似平静的水面之下，实则暗流涌动。君臣之间尚且处于磨合期，难免在执政理念和对外战略上存在着差异。齐桓公在即位初期曾长期将鲁国视为主要竞争对手，甚至也会无端出兵讨伐宋国，这显然是因为当时战略目标尚且不够明晰。仅仅因为谭国曾经对自己有过无礼之举，便下令将其灭国，齐桓公的选择也略显冒失，这种战略手段的失当，会在诸侯之中留下非常不好的口碑。

在经济基础尚且薄弱的执政初期，齐桓公经常想着加强军备，接连遭到管仲的反对。没想到齐桓公却一意孤行，并没有收手的打算。

当初，齐桓公曾与宋夫人在船中饮酒，宋夫人知道齐桓公不通水性，便摇晃船只吓唬他。齐桓公因此而异常愤怒，并且休了宋夫人。宋国则将宋夫人再嫁蔡侯，没想到这也让齐桓公心存不满，他愤怒地对管仲说："我想马上出兵伐宋。"管仲急忙劝阻："内政不修，如果急于对外用兵，肯定是不会成功的。"齐桓公执意起兵伐宋。结果各诸侯出兵相助，齐军再次被打败。齐桓公变得更加生气，对管仲说；"必须继续加强军备。战士没有训练，兵力不够充实，各国诸侯都敢欺侮我们，所以必须大力加强军备！"

管仲继续进行苦谏："这样一来，齐国只会更加危险。对内与民争利，对外发动战争，这都是造成祸乱的根源。无端侵犯其他诸侯，也会招致外界的抱怨，那些有才之士再也不肯到齐国效命。"

看到二人僵持不下，鲍叔也加入其中，对齐桓公竭力进行劝说："请您一定要采纳夷吾的建议！"在必要的时候，鲍叔必须出来充当和事佬的角色，更要帮助管仲对齐桓公进行适当的规劝。

没想到齐桓公还是不听劝阻，继续埋头加强军备，为此还特意增加关税，希望增加国库收入。他还通过颁发爵禄的方式激励士卒，做好各种战争准备。鲍叔非常无奈地对管仲说："这样下去，国家只会越发走向混乱，这该怎么办才好？"管仲无奈地苦笑："国君性子比较急，但也经常会有悔改之举，只能等他自己有所觉悟。"鲍叔说："只怕等他觉悟之时，国家已经蒙受重大损失。"管仲说："对于政事，我丝毫不敢懈怠，一直在暗中努力，应该还有机会挽救。而且，有我们在齐国，便没人敢来侵犯。我所忧虑的，只是各国的义士不肯加入我们齐国，而且本国的义士不肯出来为官。"

上述对话记录在《管子》中，从中可以看出，管仲和齐桓公虽说目标一致，志向相同，都希望尽早达成霸业，但他们二人之间也经常会发生一些分歧。矛盾激化时，甚至需要鲍叔从中进行斡旋。这种分歧的根源往往在于，齐桓公难免有冒进之念，尚且是没有打牢基础便执意在诸侯之中逞强，因此经常会遇到挫折。管仲对齐桓公的性格缺陷非常清楚，但因为是君臣关系，他只能寄希望于齐桓公本人做出悔改。幸好齐桓公在撞到南墙之后还知道及时回头，勇于承认错误，并彻底接纳管仲的各种理政主张。

有一个细节还留有疑问。因知道齐桓公怕水而故意摇动船只，后来又被遣返的这位夫人，如果按照《左传》的记载，应是蔡姬。蔡国人后来把蔡姬改嫁，因此惹恼齐桓公，后者甚至出兵征讨。这件事后面还会提到，楚国和齐国的首次碰撞也因为这事而起。

在《国语》中，我们可以看到齐桓公与管仲君臣之间确实通过协商解决了一些基础性问题，比如在不伤害民众利益的情况下悄悄地扩充军备。这正是"作内政而寄军令"的延续。齐桓公希望解决缺少铠甲和武器的问题，管仲建议从罪犯身上入手。他建议减轻对部分罪犯的惩罚措施，并让他们通过上交铠甲和武器来为自己赎罪。管仲设计的方案是，那些被判死刑的罪犯，可以让他们通过上交犀皮甲等武器装备来为自己赎罪；那些犯了较轻罪行的，可以通过上交盾牌等装备为自己赎罪；那些犯了普通罪行的，可以通过缴纳罚款来寻求赦免。如果需要打官司，先将其关三天禁闭，即便是诉词非常妥当，也需要再交一束箭之后才予以审理。同时还要求，必须使用上等金属铸造剑戟，而且通过动物来试验武器是否锋利。对此，齐桓公完全予以采纳。在管仲的建议之下，齐国的武器装备逐渐充足起来，这才进一步夯实了争霸的基础。

上述建议，我们同时也可以在《管子》中看

到，这也可能是齐国长期施行的政策。管仲希望发展战备，又不想牺牲经济，所以"轻重其罪而移之于甲兵"也是一个有益尝试。这也许是他对执意冒进的齐桓公，进行的极其有限的妥协，也是一种争霸策略上的尝试。

再遭挫折

在齐桓公即位初期，立足于国力不济的现状，管仲曾多次及时地劝阻齐桓公不要试图冒进，而是只选择将周边小国作为突破口。鲁国、卫国和燕国等，既然是相对较软的柿子，那就会成为最早被拿捏的对象。当然，即便是软柿子，选择何时出手也是一件非常有学问的事情。

即位初期的齐桓公，可谓踌躇满志。他忙不迭地询问管仲："我很想在诸侯国之间立即建立起霸业，您看眼下时机成熟了吗？"

管仲连忙回答说："时机还不够成熟。周边的邻国和我们还不够亲近。要想在诸侯之间建立霸业，首先要和众多邻国搞好关系，亲近诸侯。"

齐桓公问："那么我们该如何亲近邻国呢？"

管仲回答说："审定疆界时，要舍得归还那

些从邻国非法夺占的土地，同时也承认邻国疆界的合法性，尤其注意不要随意占邻国的小便宜，反倒还要给它们多赠送一些礼物。平时经常派出使者去访问，在表达善意的同时，让他们能在内心深处获得安全感。也可以选派一些擅长游说的外交人才，用车马装上裘衣和钱财，长期派他们周游四方，一旦发现贤能之士，便及时地进行拉拢和招纳。还可以通过百姓将大量的皮毛、布帛和珍宝贩卖到各地，以便观察诸侯各国不同阶层的爱好和追求，选择其中贪图享乐和奢侈腐化的作为征伐对象首先进行打击。"

管仲所说的核心，其实就是"择天下之甚淫乱者而先征之"的策略。选择征伐对象很有讲究，"淫乱者"固然是讨伐对象，讨伐可以获得上至周天子下至各路诸侯的广泛支持，但基于实力和现状，齐国重点打击的还是那些和自己有着直接利益纠纷的国家，尤其是那些实力远逊于自己的国家。也就是说，选择战略目标时要注意抓住重点，而不是不分主次地多途出击，尤其是不能招惹那些实力强劲的狠人。

在《管子》书中，经常是说由于管仲的劝说未果，齐桓公得以继续整军备战，其实管仲也曾提议将鲁国作为首先讨伐的对象，因为鲁国是近邻，而且力量相对较弱。不幸的是，管仲也由此再次目睹齐国的失利和齐桓公的尴尬，甚至在盟会之中遇险。

齐桓公的目标一直定位于鲁国，鲁国是近邻，领土接壤，和宋国也近，如果想在宋国有所作为，鲁国出兵也快，因此需要首先讨伐。管仲则是继续劝阻："我听说那些拥有广袤领土的国君，不会勤于对外发动战争；那些志向远大的国君，不会记恨一时之间的小辱。而且，只有不重复犯错，国家才能逐步安定。一旦成为好战分子，频繁地发起战争，并且无法忍受羞辱，那就只能重复地犯错，整个国家也必定会随之而遇到各种危险。"

一番苦口婆心的劝说之后，齐桓公还是执意兴兵伐鲁，结果不出管仲所料，继续受挫。《管子》记录此次战争仍然发生在长勺，可能是管仲后学记录有误，似乎要以《史记》记录为准。总之，鲁国再次打败了齐军。

赫拉克利特说，人不能两次踏进同一条河流，但是齐桓公说，我能。于是，齐桓公再次遭遇挫折。

齐桓公即位初期，齐鲁之间经常发生冲突，实则齐国也有胜利，而且陆续侵占了鲁国的大片土地。但是相比齐国所取得的胜利，它所遭遇的失败更容易让人记住，毕竟齐桓公是春秋时期第一位霸主，被人打败不容易，因此令人印象深刻。至于鲁国这边的主将，正是曹刿，因为在齐鲁交锋中有着不服输的精神，被铭记史籍。

　　遇到失败，齐桓公也会寻找原因："我们的兵马还是太少，如果是以三倍兵力包围对手，他们怎么可能阻挡？"于是他继续招兵买马，甲士迅速达到十万人，战车也有五千乘。至此，齐桓公立即有了发起战争的底气，他对管仲说："我们的甲士已经训练好了，军队数量也获得很大程度提升，可以一举征服鲁国。"

　　对此，管仲只能深深地表示叹惜："齐国看来还是要遭遇危险，因为不肯努力追求德政反倒是努力扩展甲兵。天下诸侯拥有甲兵十万的并不少见，一旦片面发展兵力，脱离于民众之外，反而会引起诸侯的警觉，国家必然会面临着更大的危险。"

　　齐桓公不听，继续执意伐鲁。和鲁国结下的梁子，他执意通过战争来解决。这一次，齐国军队声势浩大，鲁国不敢再正面接触，只得在距离国都五十里处设防。鲁国还是请求割地求和，自此服从齐国的统治，但也同时请求齐国自此不再侵扰鲁国，齐桓公答应了。于是双方商议举行盟会，继续就有关细节进行磋商。没想到这次盟会因为有曹刿及时地挺身而出，让齐国所得不多，甚至空欢喜一场。

鲁国在约请会盟时说："鲁国是小国，会盟时当然不敢携带兵器，如果带着兵器举办盟会，那就是以战争状态开会，消息会很快传到各国诸侯耳中，所以请求这次会盟时，大家都不要带着兵器。"面对这一请求，齐桓公立即爽快地答应了，同时命令随员也不准携带任何兵器。管仲立即提出反对，他说："各路诸侯都忌恨齐国，如果借助会盟而削弱了鲁国，诸侯会认为您贪婪，以后再有别的事情，诸侯会愈加顽强地组织防备，这对齐国非常不利。而且，鲁国人怎么可能会不带着兵器参会？我们都知道曹刿的为人非常强硬而且狠毒，肯定无法用盟会的方式来解决问题。"

管仲的苦言相劝，齐桓公仍是听不进去。他如约赴会，来到柯地与鲁庄公见面，并计划按照双方前期约定签订盟约。没想到的是，不仅鲁庄公怀中藏剑，曹刿同样也暗中带剑。鲁庄公抽出剑说："在齐国的逼迫之下，如今鲁国边境距离国都也只有五十里，剩下的不过是一死而已。"随后，他左手举剑对着齐桓公，右手则比画着自己，说道："既然如此，那就不如一同求死，请让我死在您的眼前。"

面对此情此景，管仲也表现得非常无畏。只见他迅速跑向齐桓公，摆出架势，要替齐桓公挡这一剑。此时曹刿也举起宝剑站在两个台阶之间高声说："请两位国君改变原来计划，谁也不能再前进一步！"管仲只得识趣地向齐桓公建议："请君上把土地归还鲁国，双方就以汶水为界吧。"齐桓公只能硬着头皮答应。

回国之后，受到挫折的齐桓公决定专心理政，不再想着增加军备和扩张领土，也停止了以往种种过激行为。被鲁庄公和曹刿这样的狠人刀架脖子，他好像是真正撞到了南墙，打算就此罢战息兵。

尽管初期经过种种挫折，但是长期的努力总会有一个好的结果。在这次挫折之后，齐国的霸业总算逐步走向成功，而且一直持续多年。齐桓公成了春秋历史上第一位真正的霸主。

　　齐桓公成为霸主，这其实是管仲和齐桓公长期携手努力的结果。而且这其中的功劳，一半以上大概都要归于管仲。无论是看哪一种典籍，大多是如此记载。如果是考察管仲后学完成的著作《管子》，那么百分之九十的功劳都该归于管仲才行。在《管子》中，齐桓公只管犯错，而管仲则不仅要出来进行劝阻和纠偏，甚至还需要负责处理各种善后事宜。用今天的话说，在《管子》一书中，管仲的形象存在着一定程度的美化。

北杏之盟

　　公元前682年秋，宋国发生内乱，南宫长万在蒙泽杀死宋闵公，拥立子游为国君。公子们都纷纷逃亡，公子御说在逃亡到亳地之后，被南宫牛、猛获率领军队包围。等到冬天，一帮人靠着曹国军队讨伐南宫牛和猛获，在阵前杀死了南宫牛，后来又赶到宋国都城杀死子游，拥立公子御说为新君。这就是宋桓公。猛获逃到卫国，后来在宋国的威胁之下卫国将其送回宋国。南宫长万逃到陈国，陈国人使用美人计，派出美女不停劝酒，把南宫长万灌醉之后同样送回宋国。为了泄愤，宋国人将猛获和南宫长万都剁成肉酱。

齐桓公判断这时候正是证明自己价值的大好机会，于是派出使者朝见周王，非常客气地邀请周王宣布确立宋国新君。周王一直被诸侯冷落，没想到齐国对自己如此尊重，干脆就将顺水人情送给齐桓公，请他作为全权代表来操办此事。于是齐桓公代表周天子要求诸侯参与宋国新君的加冕仪式。第二年春天，齐桓公邀请鲁、宋、陈、蔡、邾等各国国君前往北杏参与盟会，商议平定宋国内乱，并正式确立新君。齐桓公与诸侯会盟于北杏，原定是九国诸侯参加，实际订盟者仅有齐、宋、陈、蔡、邾五国。遂国直接没有参加，很不给面子，齐桓公派兵灭了遂国。宋国也不想服从齐国的领导，宋桓公居然偷偷地溜了回去，显然也是违背了北杏盟约。齐桓公觉得宋国可以先放一放，毕竟是自己刚刚扶植的新君，出兵攻打属于打脸行为。但是等过了一阵子，还是觉得这口恶气出不来，便再次以周天子的名义进行讨伐。冬天，宋桓公感受到大兵压境，便开始和齐国讲和，并和齐桓公在柯地结盟。

在齐桓公看来，鲁国不参加会盟的行为尤其不可饶恕，于是派出大兵前往讨伐，顺便夺回此前让出去的土地。齐国再次大兵压境，鲁国当然感受到了巨大压力。即便是有能征善战的曹刿，鲁国还是在总体实力上稍逊一筹，于是只能同样请求讲和，双方再次商定在柯地会盟，商谈土地纠纷。

上次齐鲁两国在柯地结盟，因为鲁庄公带剑会盟，并且以死相逼，齐桓公只得答应双方以汶水为界。但是，他在回国之后就立即产生悔意，逐步夺回当初让出去的土地。加上年初北杏之盟，鲁国人的做法让齐桓公感到非常不满，因此双方矛盾再起。闹得不可开交之际，只得重新缔结盟约。有意思的是，这一次会盟时，又是曹刿出面改变了局面。不错，正是这个大心脏的曹刿，再次创造了名场面。

《史记》《春秋公羊传》《管子》等典籍都记载了这一场盛事，只是在表述上存在着一些差异，甚至人名也存在着差别，《史记》中写作曹沫的，实则正是曹刿。曹刿本是鲁国大将，率领军队多次击败齐国军队，挽救危局，但在《史记》中被司马迁视为刺客，和专诸等人一起被写

066

进了《刺客列传》，使得他的事迹广为流传。

《史记》记载的是齐桓公与鲁庄公已经在盟坛之上签订盟约，但是没想到曹沬忽然手持匕首挟持了齐桓公，而且让齐桓公身边的人都不敢轻举妄动。曹沬说："齐国实力强大，鲁国相对弱小，但是齐国一直以大国身份侵略我们鲁国，这样做太过分了！如今这情势，鲁国城墙一旦哪天倒塌的话，砖块就会压到齐国边境，请大王认真考虑这个问题，停止这种盟约。"

好汉不吃眼前亏，齐桓公只得答应将此前侵占鲁国的土地尽数归还。得到明确的承诺之后，曹沬便扔掉匕首，从容不迫地走下盟坛，重新回到自己原来的位置上。他面色不改，谈吐依旧，令全场的人都刮目相看。可以想象此时的齐桓公，怒气已经堆积如山，他肯定想要采取进一步行动，但此时毕竟还在会盟阶段，还需要顾及面子问题。回国之后，齐桓公仍然想反悔，但管仲还是进行了劝说：

> 夫贪小利以自快，弃信于诸侯，失天下之援，不如与之。

在管仲看来，如果齐桓公反悔并夺回土地，那就只能在诸侯面前失去信用，还不如将土地如数归还给鲁国。因为看重信用，齐桓公在管仲的劝说之下，又忍下了这一剑之辱。

这次盟会之后，鲁国也做出了妥协，它们同意接受北杏之盟的条款。原本受邀的九国之中，除了被灭掉的遂国之外，鲁、宋、陈、蔡、邾、陈、卫、曹等，都加入了齐桓公领导的联盟，这说明齐桓公实际上已经成为公认的盟主，而且得到周天子的授权认可。来自官方的认证，让齐桓公更加志得意满。公元前680年冬和公元前679年春，齐国两次组织诸侯在鄄地会盟，标志着齐桓公已经在中原诸侯中具有一定的领导力。成为中原霸主，这是齐桓公一直以来的理想，没想到在他即位五六年便已经初步达成。

春秋时期，鲁国是周礼得到较好保存和执行的国家，即便是善于使用战争谋略的曹刿也非常熟悉周礼，并经常提醒鲁庄公注意遵守。公元前671年夏，鲁庄公打算到齐国观看祭祀社神，但这不合乎周礼，因此曹刿进行了劝阻。在他看来，上下之间的法则，长幼之间的次序，国君必须带头遵守才行。因为国君的任何举动，史官一定会记载，不能让后世子孙看到鲁国国君有违背礼制的行为。

　　齐桓公想要真正成为中原地区的霸主，同样必须遵从礼制，尤其是需要得到周天子的认可才行。因此，齐桓公不仅需要尊奉周王，有时还要装模作样地无比恭敬，做好请示和汇报。但是自此之后，征伐之事逐渐开始由齐国主导，攻打郯国和郑国，都是出自齐桓公这位霸主的号召。既然是霸主，齐桓公有权利和义务来保护一众盟友，各个盟国之间也需展开密切合作，共同进退。公元前678年夏，各路诸侯组织联军进攻郑国，这是因为郑国在前一年秋天曾经入侵宋国。和宋国一样，郑国也是身处四战之地，虽然在春秋早期一度耀武扬威，却在不久之后选为战场，需要经常面对各路诸侯的兴师问罪，成了不折不扣的倒霉蛋，得罪了谁都不行，因此郑国一度只能像墙头草一样两边倒。就在齐国霸业初成的秋天，楚国因为郑厉公的行为不敬而出兵讨伐。到了冬天，齐桓公联合鲁庄公、宋桓公、陈宣公、卫惠公、郑厉公、许穆公、滑伯、滕子在幽地结盟，试图与郑国讲和。它们积极拉拢郑国，不希望这一战略要地被楚国人轻易占领。

四、九合诸侯，一匡天下

尊王攘夷

每当中原诸侯陷入混战之时，被视为夷狄的游牧民族往往会趁机崛起，春秋时期也出现了类似情况。北方游牧民族，包括楚国在南方的崛起，都与中原诸侯陷入混战不无关联。

公元前664年，山戎大举入侵燕国。在危急时刻，齐桓公亲率大军北伐山戎，成功地解救了燕国。公元前661年，狄人侵略邢国。管仲说："戎狄就像是豺狼一样，是永远不会满足的。因此，中原各国必须要相互亲近，抱团取暖，不能轻易将谁抛弃。寻求安逸就等于吞食毒药。《诗》的大义是让我们同仇敌忾并且患难与共，我们必须马上救援邢国才行。"齐桓公立即发兵救邢国。两年之后，在邢国的危难一直不能解除的情况下，齐国干脆帮助邢国在异地重新建国。

邢国人来到了新都城，就好像是回到自己当初的家园一样充满欢乐。公元前660年，卫国遭到灭国之灾，齐国替卫国新建国都，构筑城墙，使之重获新生。即便是被动迁都，卫国人也几乎忘记了亡国之痛，没有流离失所的痛楚。这一系列救助弱小的举措，使得齐国在诸侯之间逐渐树立起良好形象。一众诸侯都觉得齐国是以华夏共同利益为重，是非常值得拥护的盟主，这为齐国进一步称霸中原和继续巩固霸业奠定了基础。

在见到邢、卫等小国有着被外族灭亡的危险时，齐国及时地出面，帮助它们抵御夷狄的入侵，甚至不惜动用巨大的财力物力帮助其修筑城墙。这些都是赢得道义的正义之举，也成功地使得自己悄悄而且合法地站在了诸侯的前排。套用今天的话，齐桓公称霸及时地利用了弱国在自身安全上的依附性，积极谋求建立一种国际新秩序。高举正义旗帜的齐国，能够温暖弱小诸侯脆弱的心灵。当然，齐桓公有时也会通过镇压某些诸侯国的内乱，来进一步提升自己在诸侯之中的威望。这样的行为同样可以获得诸侯国的认可和周天子的支持，能够有效地维护自己的霸权统治。

"尊王"和"攘夷"之间存在着密切关系，有时候甚至很难截然分开。无论是"尊王"还是"攘夷"，都是齐国逐渐树起的旗帜，并高高地悬挂。当时，周天子已经缺少领导力和组织力，只剩下少量的公信力还有利用价值。中原诸侯内部纷争不已，外部则是戎狄交相入侵。管仲及时地建议齐桓公树起"尊王"的旗帜，利用周王仅存的这少量公信力，同时也借助"攘夷"为中原诸侯充当保护伞，从而在诸侯之中找到更多能够相通的认同感。此后，齐国通过北伐山戎和北狄，阻止游牧部族侵掠中原，扶助邢、卫等弱小诸侯国，平定鲁国内乱等，逐渐在诸侯中树立起威信。齐桓公在道义上做足文章，同时也依靠自身积攒的强大的经济和军事实力，建立起彪炳千秋的桓管霸业。

　　管仲和齐桓公所建立的霸业，也由此对保卫华夏文明起到了积极作用，并得到了孔子的赞扬："微管仲，吾其被（披）发左衽矣。"孔子高度赞扬管仲的才能和功业，认为没有管仲尊王攘夷的功绩，中原就会和野蛮人一样"披发左衽"。孔子对管仲的评价一向是一分为二的，该批评的时候就有批评，但在该表扬的时候也会给予表扬。上述言论中，孔子对管仲给出的评价非常之高。

周天子地位日渐式微，齐国反倒是对其格外尊敬。扶持周王，显然也需要有成本付出，却能获得挟天子以令诸侯的机会。齐桓公第一次通过盟会实现初次称霸，也是因为有周天子的授权。一些弱小的中原诸侯，至少在名义上要接受周王的领导。在齐国主导之下，中原诸侯需要接受周王室的领导，并且尊奉礼制，承认周王室的权威，乃至向周王室完成朝贡。由于确实饱受夷狄侵扰，众多诸侯，乃至周王室都非常需要齐国展开救助。一旦周王室遇到危险，更需要齐国全力出兵救助。齐国通过出面组织诸侯国来救助周王室，变相取得了至尊地位。所谓"尊王"和"攘夷"，其实都是扶助弱小，都可以得到周天子的赏识并获得更多的同盟者。借助"尊王攘夷"，齐国也在稳步推进争霸战略，巩固自身霸主地位。

《韩非子》总结管仲用兵的一条重要原则就是"义于名而利于实"。"义"和"名"，管仲都想要，而且要得非常合理。相对来说，"名"在霸业初成时显得更加重要。在众多弱小邻国之中，管仲的原则是"择天下之甚淫乱者而先征之"，还是试图做到师出有名，追求战争的正义性。既得到实际利益，又赢得天下人的口碑，管仲此举可谓一箭双雕。在拥有称霸中原的实际利益之外，管仲也因为尊王攘夷而留名青史，确实做到了名实相符。

虽说在北边、西边、南边，乃至中原诸侯国的中间地带，到处都有杂处的夷狄，但楚国实则是齐国的头号劲敌，也是齐国长期防范的对象。就在齐国实力逐渐上升，地位渐渐得到认可之时，楚国人已经大模大样地走到了中原诸侯的面前。

楚国迅速上升的势头，注定了它将成为中原诸侯的主要对手。因此，所谓"攘夷"，在很长时期也是指"攘楚"。用正义的旗帜"攘楚"。管仲是一位智者，在实力不济之时尚且没有和楚国正面硬刚的意愿。在众多事务中选择性地出手，实则是一种务实之举。比管仲稍晚的宋襄公则多少有些书生气，而且确属无能之辈，在泓水之战被楚国胖揍一顿之后，便早早退出了"攘楚"的主战场，还为此丢了身家性命。后来，随着齐国的衰败和晋国的加速崛起，"攘楚"的重任便长期交由晋国承担。晋楚争霸成为春秋历史的一条主旋律，至今仍为人们津津乐道。

地处南边的楚国长期被视为蛮夷，不被中原诸侯正眼相看。周王封爵时，楚国人始终低人一等。出于不满，熊通竟然自称为王，号楚武王。他带领楚国在南方悄悄地发展，兼并了众多小国，实力越发强大。此后又经过楚成王的多年积累之后，楚国再次迎来爆发，楚庄王顺理成章地成为春秋时期的霸主。

公元前680年前后，楚国悄悄地谋划北进。楚成王在南方掀起了狂浪，诸侯之中一旦有谁胆敢不服，立即拳脚相加。楚国人觊觎中原已久，也跃跃欲试地想与齐桓公掰一下手腕。但是，这也要看齐国给不给机会。当时，蔡国灭掉息国，由此而引发楚国的不满，随即便出兵攻打。蔡国已经参加齐桓公组织的北杏盟会，楚国既然入侵蔡国，按理说作为盟主的齐国应该迅速介入才对，没想到齐桓公的选择是坐视不管。猜想其中有宋国搅局的原因，因为宋国正在闹着背盟，令齐国无暇顾及其他事情，只打算专心教训一下宋国。此外还有一个更为重要的原因，齐国对楚国的军事实力已经有所耳闻，自知实力不逮，便只能选择睁一只眼闭一只眼。

此时的齐国虽贵为盟主，也只能说是区域性强国，秦国、晋国、楚国等几个强国均未参加结盟，它们对于这个盟主并不十分认可。

管仲其时的扩张计划中，也没有考虑楚国。他和齐桓公的对话记录在《国语·齐语》中，非常耐人寻味。

　　　　桓公曰："吾欲南伐，何主？"
　　　　管子对曰："以鲁为主。反其侵地棠、潜，使海于有蔽，渠弭于有渚，环山于有牢。"
　　　　桓公曰："吾欲西伐，何主？"
　　　　管子对曰："以卫为主。反其侵地台、原、姑与漆里，使海于有蔽，渠弭于有渚，环山于有牢。"
　　　　桓公曰："吾欲北伐，何主？"
　　　　管子对曰："以燕为主。反其侵地柴夫、吠狗，使海于有蔽，渠弭于有渚，环山于有牢。"

齐国的东边是茫茫无际的大海，因此除了东

边没有设立征伐对象之外，管仲在南、北、西三个方向都各自找到了一个小目标，谋求最大程度的利益扩张。鲁国、卫国和燕国，在春秋之世始终是二流国家，管仲将其树立为讨伐目标也是一种务实的选择。就南边方向来说，管仲确定讨伐对象是鲁国，而不是被视为蛮夷的楚国，说明其时齐国并未明确"攘夷"这一目标，而只是立足于短期目标，和一帮中原小国菜鸡互啄。此时的它们也确实没有能力将战线伸展到更远的南方。齐国实力虽然不够强大，但其他诸侯实则更加虚弱，正好也给了齐国崛起的机会。如果齐国早点与楚国相遇，怕是中原争霸的历史也会就此改写。那种也许需要倾国之力才有可能获胜的遭遇战，齐国怕是不愿意接单的。

见好就收

司马迁曾赞扬管仲"善因祸而为福，转败而为功"，并且懂得"贵轻重，慎权衡"。将祸患转化为好事，挽救败局并转化为成功，这尤其需要辨别轻重缓急，慎重权衡利弊和得失。管仲在权衡轻重和利弊这方面，确实做得足以令人称道。高明的战略家在设计战略目标时往往会留有余地，在推出实施手段时除了注意多途并进之外，也需要留着后手。一旦最高目标无法实现，那就只能退而求其次，甚至见好就收。

公元前657年的雨季，比以往时候来得更晚一些。从春季到夏季，一直都没下雨。事实上，从前一年的十月开始，一直到次年的五月，老天爷都没有肯施舍哪怕一滴雨。虽说没有造成重大灾害，但这也是非常反常的现象。

不知何时起，坊间都在传说齐桓公怕水。一旦雨水落下，齐桓公就生起杀伐之心。很快他就组织宋桓公等人在阳谷会见，密谋进攻楚国的计划。首先是找到一个合适的借口，而且最好能够达成攻其无备、出其不意的效果。

大概是齐桓公怕水已经成为半公开的秘密，《管子》一书中记载有位宋夫人曾经拿这件事情开玩笑，结果惹恼了齐桓公，就此闯下大祸。《左传》中记载还有位夫人来自蔡国，叫蔡姬，也开了类似玩笑而招惹龙颜不悦。大概那时候的夫人们胆子比较大吧，但也非常有可能管仲后学把齐桓公的夫人们搞混了。按照《左传》的记载，齐桓公和蔡姬坐船在园子里游览，蔡姬故意地左右摇动游船，使得齐桓公非常害怕，脸色也为之大变，即便是厉声阻止，蔡姬还是不听。齐桓公当然感到非常愤怒，随即便把蔡姬送回蔡国，但是婚姻关系并未断绝。没想到的是，蔡国人自作主张将蔡姬改嫁。

齐桓公因此而找到了出兵讨伐蔡国的理由，楚国也成为偷袭对象。第二年春天，他率领鲁僖公、宋桓公、陈宣公、卫文公、郑文公、许穆公、曹昭公等各路诸侯，组织一支联军征伐蔡国。蔡国军队招架不住，随即溃败。初步目标达成之后，齐桓公随即挥师攻打楚国。

虽说是突然袭击，楚国人并不会像中原诸侯那么惧怕齐国。楚成王随即派遣使者来到齐国军中，不卑不亢地说：

> 君处北海，寡人处南海，唯是风马牛不
> 相及也。

楚国人态度强硬：你们住在北海，我们住在南海，彼此之间不曾有任何联系，牲畜发情了也没有任何关联。没想到君王不顾路途遥远，忽然就带兵来到我国。

到底是什么原因，楚国人内心其实非常清楚，但是他们首先需要摆出一副不服软的架势，至少表现出镇定而且富有勇气，因此便讨要一个说法。

管仲当然也不含糊，他的回应也显得振振有词。他说："以前召康公命令我们先君太公说，五侯九伯都可以征伐，因为辅助王室需要，同时也赐给征伐范围，东边可到大海，西边可到黄河，南边可到穆陵，北边可到无棣。"这段话一下子把历史追溯到周朝立国，仿佛有理有据，实则也难不住楚国。原因很简单，周天子此时在诸侯之中处于什么地位，大家也都看得一清二楚。因此，管仲需要直接数落楚国的不是才能在气势上压倒对手。管仲接着说道："你们长时间不给王室进贡包茅，致使周天子祭祀没有必需的物资，无法祭酒请神，我们正是为此而问罪。而且，当年昭王南征到了楚国之后就再也没有回去，我们也需要为此讨个说法。"

楚国的使者仍然摆出一副不卑不亢的架势回答说："贡品没能及时地送来，这确实有我们的罪过，今后我们岂敢不继续供给？至于昭王为什么没有能回去，还是应该多问问那些住在水边上的人!"

当年周昭王南征,曾经深入江汉地区,却在返回途中被淹死在汉水。这些属于陈年往事,而且具体原因就连周人也一直说不清楚。楚使的回答显得有些不够客气,诸侯联军继续往前推进,随后驻扎在陉地。楚人的态度,让以齐桓公为首的北方联盟也确实搞不清对方的虚实。当然,楚使也承认己方犯有过错,并且保证以后将会继续进贡周王贡品,这其实也是一种寻求退让的表现。

接下来,楚成王派屈完率兵进一步逼近诸侯的驻地。看到楚军不肯屈服的架势,诸侯联军只得选择撤退,驻扎在召陵。接下来,齐桓公和屈完展开了一番意味深长的对话,彼此心照不宣地达成了妥协。

他们二人坐在同一辆战车之上检阅诸侯联军。齐桓公说:"我们此次出兵,不是为了本人一己之私,而是为了延续当年先君建立的那种友好关系。两国要么继续保持友好如何?"这屈完也很识趣地顺着台阶就往下走,立即回答说:"承蒙君王前来安抚,正是我们的愿望!"看到对方这个态度,齐桓公反倒来了精神说:"看看我们这样的军队,有谁能够抵御?如果使用他们来攻城，能有哪座城池不被攻破呢?!"屈完也顿时来了精神，他昂着脖子回答说:"如果君王继续使用德行来安抚诸侯，又有谁敢表示出不服呢? 但是，如果使用武力的话，楚国就用方城山作为城墙，用汉水作为护城河，你们的军队即便再多，怕是也没有什么用武之地。"

表面上看是各自退让一步，实际则是各自绵里藏针，从二人的对话中也能看出屈完咄咄逼人的气势和不屈服的精神。楚国明显是找对了使者，此时屈完更像是得势的一方。接下来，屈完代表楚国与诸侯签订盟约。

齐桓公和北方诸侯之所以选择签订盟约，不再继续用兵，明显是看到了楚国当时已经非常强大。因为有这种雄厚的国力做后盾，屈完和楚使都显得从容不迫，这给齐桓公带来了巨大的压力，管仲自然对此也心知肚明，此时大概只能见好就收，与楚国签订和平条约。由此可见，在现实和理想之间，管仲知道如何做好平衡。

遗法兵圣

齐国此次出兵，显然是借助"尊王"的名义

"攘夷"，更说明二者之间的密切关系。由齐、楚此次碰撞也可以看出，战略目标的设计应该带有相应的弹性，不一定都要大打出手。见好就收，有时候也是一种务实之举，是基于理想与现实的折中选择，也是高明的中庸之道。正所谓"至善不战"，齐国的退让也是一种大智慧。孔子曾经表扬管仲说："桓公九合诸侯，不以兵车，管仲之力也。"此言对桓管霸业进行了高度概括，虽说"不以兵车"存在着夸张的一面，但也能从一个侧面反映出这种"不战"的谨慎精神，始终是管仲政治、军事、外交实践的一个重要特点。

这种审慎对待战争的态度，以及"至善不战"的精神，在齐国军事家身上得到了延续，其中最典型的是春秋末期的孙武。钮先钟曾经探讨孙子军事思想的源头，指出："孙子齐人也。他的书虽未提到管仲的大名，但可以暗示其伐谋、伐交的观念很可能是以管仲的经验为范式。"他在比较孔子与孙子军事思想的异同时，进一步明确了这一看法："他们的思想都与管仲有相当微妙的渊源。在《论语》中可以找到直接的证据，在十三篇中虽无直接证据，但还是可以感觉到强烈的暗示。"作为齐地生长的军事家，孙武的军事思想和战争谋略受到管仲的影响，当是情理之中的事情。

兵圣孙武在他的兵书中写道："上兵伐谋，其次伐交，其次伐兵，其下攻城。"虽说积极主张"上兵伐谋"，但也对"伐兵"和"攻城"有充足的思想准备，这其中体现的正是战略设计的伸缩性。孙子将"不战而屈人之兵"视为用兵的理想境界，一旦无法实现，就应退而求其次。管仲同样不赞成以付出巨大的代价来换取胜利。管仲后学在《管子》书中多次强调"至善不战"说，几乎可视作"不战而屈人之兵"说法的一个翻版。在已有史料中，看不到管仲本人有类似"至善不战"的言论，但其在战争实践中实则时有运用。

从齐国这次出兵可以看出，管仲深谙军事谋略，懂得进退之道，而且擅长"以奇用兵"，并在军事斗争中屡有实施。伐楚和伐蔡都是以奇用兵的实例，通过出其不意的战法打击了楚国人的气焰，也进一步团结了中原诸侯。在《管子·小问》中有齐桓公和管仲的一段对话：

公曰："野战必胜若何？"
管子对曰："以奇。"

这段对话同样来自管仲后学，未知真假，但确实对管仲的军事谋略做出了非常简明扼要的总结。"以奇用兵"的谋略，老子也曾提及。在谈及治国与用兵的区别时，老子说"以正守国，以奇用兵"，主张用合乎正道的办法来治理国家，而用非常规之道用兵作战。稍晚的孙子则继续高举"以奇胜"的旗帜，借"以奇用兵"阐发"兵者诡道"的思想主张，从而在先秦众多兵家学说中占据首席地位。如果细细考察兵圣孙武的思想主张，其中确有受到管仲深刻影响的一面。齐地两位兵学谋略大师，即姜太公和管仲，都会对孙武产生重要影响。相比之下，管仲有着更多丰富的军政实践记载，对孙武的影响更加有迹可循。

　　齐国兵学甲天下，这里诞生了众多军事家和军事著作，都在中国传统兵学中占据着无可替代的重要地位。除了前面提及的姜太公、管仲和孙武之外，还有司马穰苴、孙膑等著名军事家。仅在先秦时期，齐国就诞生了数量众多的兵书。《孙子兵法》《司马法》《六韬》等，都是无可替代的兵学经典。20世纪70年代，在山东临沂银雀山汉墓中还出土了中道失传的《孙膑兵法》以及大量的佚名兵书，都可以证明齐国兵学曾经的辉煌。这种辉煌的达成，实则也有着管仲的重要贡献。管仲在姜太公和孙武之间，恰好起到了承前启后的桥梁作用。阐发管仲思想的著作《管子》中有着数量不菲的论兵篇章，一向被视为齐地兵家的著作。他们对继承和阐发管仲兵学思想都做出了各种努力，也留下众多文字证明管仲军事谋略的重大价值，同时也足以说明孙武和管仲的谋略思想有着千丝万缕的联系。

德与礼

战国时期的孟子曾对春秋时期的霸政进行过简要总结，那就是"以力假仁"。所谓"以力假仁"就是说在争霸过程中，军事力量的运用始终排在第一位，因此遭到孟子的批评。齐桓公的霸业同样体现了这一特征。《国语》总结管仲的争霸手段是在诸侯之中"结之以信，示之以武"，虽然是努力以信义结交诸侯，但也不会放弃武力，而是以军事力量作为威慑手段，甚至是最后的手段。这可以说是"以力假仁"的另一种表达。孟子过于强调仁义，而且反对使用武力，对霸政提出上述批评并不奇怪。其实，"力"与

"仁"互相并不矛盾，而应巧妙地结合在一起。

"信"与"武"也应实现完美的融合。既然"以力假仁"，说明仁义的作用也不可偏废，在某种特殊的情形之下，甚至还要尤为借重。管仲辅佐齐国的霸业同样如此，不单纯依靠武力，而是重视仁和德，并适时维护周礼，因此才能赢得诸侯的拥护和周王的认可。

清代高士奇曾称赞管仲："为内安外攘之谋者，念深而礼谨，虑周而义著，事事皆当人心。"管仲这种"念深而礼谨，虑周而义著"，与孟子单纯强调"以德服人"有所不同，但也强调"德"的作用，并注意利用周礼来达成既定目标。管仲只是希望在以力胜人的基础之上，进一步"实之以德"，并将其作为前者的重要补充。即便是征伐对手，也要注意追求师出有名，符合民心。一方面是努力追求军事战线的胜利，同时也高度关注国内的舆论，重视诸侯的态度。齐国的霸业也因秉持这一原则而能走得长远。

得道多助，失道寡助。民心向背关系道义，这是一种柔性却富于韧劲的战斗力，也可以说是软实力的一种。管仲多次劝谏齐桓公"竞于德"，就是希望他重视利用这种无形的力量。强不必胜，弱不必败。在管仲看来，强大的军事力量固然是取胜的基础，但未必能够确保必胜。所谓"成功立事，必顺于理义"，就是说，成功举事，必须合乎理义。管仲后学对这些也有进一步总结，简洁的表达则是"不理不胜天下，不义不胜人"。

齐桓公即位后不久，就借口鲁国曾庇护公子纠而对鲁发动讨伐战争。但鲁国已经对齐国做了很大让步，并按照齐国的要求将公子纠杀死，所以齐国这时在战争中已不能在道义上立足。鲁国的曹刿据此认为，鲁庄公能够赢得民众支持，有获胜的基础，因此成就了中国历史上著名的以弱胜强的战例——长勺之战。齐桓公此后能够理智起来，听从管仲的劝告，注意"竞于德"，因此才能在诸侯之中占据霸主地位。

在《国语·齐语》中也记载了这样一段对话：

　　桓公曰："吾欲从事于诸侯，其可乎？"
　　管子对曰："未可。邻国未吾亲也。君欲从事于天下诸侯，则亲邻国。"

为达成霸业，管仲建议齐桓公树起"尊王攘夷"的旗帜，并辅以"轻其币而重其礼"等措施改善与邻国的关系，实现与中原诸侯的互赢互利。要想获得邻国的信任，一定不能全都指望暴力和战争。

　　即便是霸业已成，也要注意"竞于德"。在组织联军讨伐郑国的过程中，管仲同样多次强调德和礼，并以此为行动原则，对齐桓公及时地进行劝阻。

　　公元前653年春天，齐国人打算进攻郑国。大夫孔叔对郑文公说："俗语说'心则不竞，何惮于病'，心志如果不够坚强，那就不要害怕什么屈辱。不够强硬，又不够软弱，那就只有死路一条。国家已经处于危险之中，怕是只能选择屈服。"

　　郑文公只得杀死申侯来讨好齐国。到了秋天，齐桓公召集鲁僖公、宋桓公等结盟，继续策划如何进攻郑国。管仲劝齐桓公说："臣听说，招抚那些有二心的国家时需要用礼；怀柔那些与自己疏远的国家需要用德。如果不违背德和礼，其他国家就都会来归附。"齐桓公随即听从劝告，从而以礼相待，并给诸侯及各级官员赠送礼品，全力进行拉拢。

郑文公派太子华拜见齐桓公，太子华偷偷地告诉齐桓公，是泄氏、孔氏、子人氏三族违背齐国命令，如果想除掉他们，就会积极给予配合。齐桓公准备答应，却再次被管仲劝住："君王本来是用礼和信召集诸侯参加盟会，却用邪恶的手段来结束此次行动，怕是不合适。礼和信不能违背。"

齐桓公心有不甘地说道："诸侯联合起来进攻郑国，却至今一无所获。既然有机可乘，我们正好可以利用，难道这也不行吗？"

管仲回答说："君王用德来进行安抚，再适当教训他们，一旦不接受，就可以名正言顺地率领诸侯讨伐。到那时候，郑国挽救危亡还怕来不及。但是，如果领着罪人进攻郑国，他们就占理了。我们联合诸侯就是为了尊崇德行，如果让奸邪之辈得逞，将如何向后人交代？诸侯盟会，它们的德、行、礼、义，都会被一一记载。如果记载的是让邪恶之人得逞，盟约就只能废弃。太子华要求靠着大国来削弱自己的国家，一定会有祸患降临。目前郑国还有叔詹、堵叔、师叔这三位贤能执政，暂时还没机会去钻它的空子。"

齐桓公听从了管仲的劝告，婉言谢绝了太子华的请求。结果正如管仲所料，郑文公还是在这年冬天派出使者拜见齐桓公，请求与齐国订立盟约。

应该说，对各种利益得失的权衡和取舍，始终考验着统治者的施政水平和决策能力。为了取信诸侯，确保以德服人，管仲甚至提出了"予之为取"的策略，并且经常实施。在处理与邻国的关系时，管仲对长远利益与眼前利益、整体利益与局部利益的把握非常允当，敢于牺牲眼前利益和局部利益，来换取更大的利益和全局的主动。

"予之为取"首先出现在《牧民》中：

　　从其四欲，则远者自亲；行其四恶，则近者叛之。故知予之为取者，政之宝也。

"予之为取"确实堪称"政之宝"，而且一直是齐国和管仲制定军事战略乃至争霸战略的重要思想方法。"予"与"取"本是对立面，管仲却能成功地将其统一于争霸策略当中。通过给予民众利益而求得国家安定，从而使得国家获得发展；通过给予诸侯利益，使之与己方交好并听从指挥，从而有利于己方达成争霸战略，并且使得争霸战略能够一以贯之地长期实施下去。学会了"予"与"取"，齐桓公就像忽然"打通任督二脉"一样，顺利地成为一代盟主。

在齐桓公争霸的过程中，处理与近邻鲁国的关系一直是件大事。管仲劝说齐桓公放弃一些局部利益，积极修复与鲁国的关系，为争霸战略的实施创造有利条件。在管仲的劝说下，齐桓公一度将夺取的土地一一归还，赢得了鲁国的信任，也在诸侯之间逐步树立起威信，并获得了周王的认可。

公元前653年冬天，周惠王去世。周襄王担心大叔王子带作乱，从而使自己无法成为国君，因此严密封锁有关丧事的各种消息，却把将要发生内乱的消息悄悄地告诉齐国，其实是寻求齐国的支持。这件事充分说明，齐桓公也在努力维持周王室地位，不敢放弃"尊王"的大旗。第二年春天，周王室的使者和齐桓公召集鲁僖公、宋桓公、卫文公、许僖公、曹共公、郑世子款在洮地会盟，共同商谈如何安定王室。得知消息的郑文公也请求参加这次盟会，其实是为了向齐桓公表示顺服。在齐国的主持之下，周襄王的大位得到安定之后才为周惠王举行丧礼。

葵丘之盟

在帮助周襄王稳定王位后，齐桓公作为霸主的地位得到完全确立。这就像是今天的人们打电竞游戏一样，只有得到周天子的认可，才算是通关，成为"武林至尊"。

公元前651年夏，为了重温过去的盟约，齐桓公和宰周公召集鲁僖公、宋桓公、卫文公、郑文公、许僖公、曹共公在葵丘会盟。周襄王特意派宰孔赐给齐桓公祭肉，宰孔说道："周天子因为祭祀文王和武王，所以特意委派我将祭肉赐给伯舅。"天子依礼称呼齐桓公为伯舅，是因为齐桓公曾经迎娶周庄王之女。齐桓公也需要依照礼节下阶拜谢，却被宰孔及时阻拦："天子说，因为伯舅年岁已高，加上立大功，奖励待遇增加一级，不用下阶拜谢。"

听到这话，齐桓公差点就当真，并且也不准备下拜，旁边的管仲连忙提醒他不要犯错。齐桓公赶紧改口说："天子威严在我前面，我岂有受天子之命而不拜谢的道理？如果我不下拜，恐怕要从诸侯之位摔下，会给天子自此留下羞辱。"说完，齐桓公执意下阶拜谢，再登上台阶接受了周王赏赐的祭肉。看到这一情景，诸侯们纷纷称颂齐桓公的各种举止都合乎礼仪。

这年秋天，齐桓公召集诸侯在葵丘会盟并且宣布："凡是这次在一起结盟的，在完成盟誓之后，就恢复到过去那种友好状态。"

没想到的是，就在此次会盟之后，宰孔对于齐桓公的态度发生了很大变化。虽说在管仲的提醒之下拜谢祭肉，但宰孔大概已经洞察齐桓公的内心活动。也有可能是其他原因让宰孔心生不满，忽然变成了齐桓公的"黑粉"。宰孔决定先期回国，正好遇到晋献公，告诉他说："不必再去参加会盟。齐侯不是首先致力于德行，而是忙于四处征伐，向北攻打山戎，向南讨伐楚国，又在西边举办这样的盟会，后面是不是还要向东边展开行动，暂时还不知道，想要攻打西边怕是不可能。我就是担心晋国会有祸乱。所以首先应该安定国内，不要急着去参加盟会。"

据《史记·齐太公世家》，宰孔确实看出了齐桓公的骄横之气，直接和晋献公说"齐侯骄矣"，就此改变了晋献公的行程。宰孔对于齐桓公和晋国形势的判断，都让晋献公感到担心，因此听从劝告，立即转身回国。就在这年九月，晋献公忽然因病去世，晋国则正如宰孔所料，果真发生了一场内乱。齐桓公率领诸侯联军进攻晋国，迅速平息祸乱。隰朋率领齐国军队联合秦军，帮助晋惠公回国即位。

宰孔对于齐桓公和管仲所主导的霸政，或许存有偏见。平心而论，齐桓公称霸固然是齐国更多受益，但其他中原诸侯也不是输家，至少在面对夷狄入侵时尚有一份倚仗。齐国的尊王攘夷，确实留下了不少值得称赞的业绩，不仅体现在"攘夷"上，在"尊王"和帮助安定周王室方面也有贡献，因此周王才会赐给齐桓公祭肉，对其予以表彰。

公元前648年春天，齐桓公领导诸侯帮助卫国在楚丘构筑外城，用来防止狄人侵犯。卫国此前因为受到狄人的入侵，有赖于齐国的帮助，顺利地迁都。此时再次得到诸侯的帮助，同样与齐国的主导有着直接联系。实则在管仲制定的争霸战略中，卫国是最早的讨伐对象之一，如今因为借助狄人入侵而顺利达成既定目标，正可谓"义于名而利于实"。

周王在这年的冬天设宴款待管仲。先是周襄王受到戎人骚扰，出兵讨伐王子带。当时周王忌惮的只有齐桓公，王子带当然心知肚明，于是迅速选择逃到齐国避难。齐桓公焉能坐视不管，他随即派管仲出面促成戎人和周王讲和。在这之后，周襄王以上卿之礼设宴表示答谢，对此管仲还是表示辞谢："陪臣只是一位身份低贱的官员。天子任命的国氏和高氏还在那里，如果我接受了这样的礼节，那么他们将来接受天子命令，又能用什么礼节呢，所以陪臣不能接受。"周王说："舅父（舅父的使臣来访也称舅父），我这么做是因为赞美你的功勋，你的美德同样深厚而无法忘记。还是希望你能执行新的职务，不要违抗命令！"管仲最终接受下卿礼节而回国，当时的君子用《诗经》中"恺悌君子，神所劳矣"的诗句赞美他的这种谦让精神。当初齐桓公受赐周王祭肉时差点就因为得意忘形没有下拜，也是得益于管仲的提醒才改变了主意。这种谦让的背后其实是谨慎，大概早已深入管仲的骨髓，所以才能确保齐国霸业的长久。

第二年夏天，齐桓公又召集鲁僖公、宋襄

公、陈穆公、卫文公、郑文公、许僖公、曹共公在咸地会盟，主要讨论两件事，一是因为淮夷的入侵让杞国感到惊慌，需要商讨对策，与此同时还要商量如何进一步确保周王朝的安定。到了秋天，为防止戎人继续造成灾祸，诸侯派出联军帮助防守成周。齐国派出仲孙湫率兵前往协防。

考察齐国争霸史可以看出，齐桓公霸政的实现，与夷狄势力的上升伴随始终。因为周王室的衰微，才导致中原诸侯混战，便给了夷狄发展的空间。齐桓公实则是在一定程度上接替了周王，成为中原诸侯的实际领导者，也一度取得了相当不错的成效。

为了达成称霸中原的目标，齐国以"攘夷"为目标率领各路兵马四处救火，但终究无法抵挡楚国人的上升势头。就在周王为戎人入侵感到困扰之时，黄国同时受到楚国的威胁。有一段时间，黄国因为和齐国等中原诸侯关系和睦，不再向楚国进贡，甚至宣称："楚国的郢都距离我们长达九百里，楚国人哪有可能伤害到我们？"没想到的是，楚国人听到这些话之后迅速出兵灭亡了黄国，齐国甚至未能及时地组织营救。

两年之后，看到徐国投靠中原诸侯，楚国

人立即对其展开进攻。齐桓公立即召集鲁僖公、宋襄公、陈穆公、卫文公、郑文公、许僖公、曹共公在牡丘会盟，不仅是重温葵丘订立的盟约，同时也商讨救援徐国的办法。商议的结果是，联军迅速进攻厉国，试图迫使楚国改变攻打徐国的计划。又过了一年，淮夷入侵鄫国，齐国再次召集诸侯在淮地会盟，商量如何救援鄫国。诸侯派人加班加点地替鄫国筑城，这导致服役之人非常困乏。一天深夜，忽然有人登上小山头大声呼喊道："齐国发生了动乱！"诸侯都感到非常吃惊，再没心思坚持下去，城墙还没筑好，就连忙各自带兵回国。

黄国的灭亡，救援鄫国的失败，大概都能说明周王室的领导力和公信力进一步丧失，齐桓公的威信也在下降。楚国的上升势头已经无法阻止，齐国的霸业难以为继，诸侯争霸的格局随之而发生改变。

随着岁月流逝，管仲和齐桓公也逐渐老去，此时的齐桓公已经七十四岁，管仲比他年长不少，应当早已进入耄耋之年。如果接班人的问题无法顺利解决，他们君臣二人的霸政也将随之走向衰落。

五、霸政衰落

改变历史的霸政

　　齐桓公即位之后，中原争霸的念头实则是受到管仲的鼓励，慢慢地变得炽烈。最初几年，齐国确实按照管仲制定的战略方向，对鲁、卫、燕等弱国步步进逼。尤其是在齐国的东南方确有一些被视为腐败的国家，如莱、莒、徐夷等国，因为不服从齐国的领导而被先后征服。有史籍记载，齐国仅是一次出兵就征服达31个诸侯国，直至向南逼近楚国。在翻越方城山之后，齐国军队甚至已经可以远眺汶山，楚国被迫恢复向周王室朝贡。在楚国表示顺服之后，荆州一带众多小国也都先后表示服从。向北则攻入山戎，海边一众小国也都先后被征服。向西则占领白狄，渡过黄河之后抵达晋国。当周王室遇到困境，齐国组织诸侯联军守卫王城。在消弭诸侯国之间的乱战，积极推行文治之后，齐桓公先后率领各路诸侯恢复了对周天子的朝见。

葵丘之盟标志着齐国的霸业到达了新高度，但与此同时也使得齐桓公骄气日盛，这一点被宰孔察觉。他劝说晋献公回国，就此使得晋国改变方向。但当时的齐桓公，自我感觉非常良好，也因此做过一番自我表扬：

> 寡人南伐至召陵，望熊山；北伐山戎、离枝、孤竹；西伐大夏，涉流沙；束马悬车登太行，至卑耳山而还。诸侯莫违寡人。寡人兵车之会三，乘车之会六，九合诸侯，一匡天下。昔三代受命，有何以异于此乎？

按照《史记》的记载，当时齐桓公做这样的总结，其实是想去泰山封禅，即便管仲苦苦劝谏，也是白费力气。后来管仲坚持说要等远方进献珍奇的宝物才行，齐桓公这才放下心中的执念。

细数当时诸侯，齐国的霸业尚属有限。当时的大国，在齐国之外，尚有晋、楚、秦三强。晋国只是初次受邀赴会，没想到因为宰孔的劝说和晋献公的因病去世，导致未能再次赴会。秦穆公因为路途遥远，不能参与中原诸侯的会盟，倒也情有可原。但是楚王即便曾与齐国签订盟约，却完全没有将盟约当回事，一旦发生利益冲突，便寻找机会进攻中原。楚国在很长时间之内根本没把这个中原盟主真当成老大，齐国说到底也只能算是区域性霸主。

就连郑国也在齐、楚之间摇摆不定。这虽与郑国的立国战略有关，但也能看出齐国霸政所能达到的效果尚且有限。

众所周知，齐桓公称霸之前的几十年，中原一带是郑国的天下。郑庄公依靠强大的军事实力在诸侯之间耀武扬威，不可一世，甚至敢于同周天子大打出手，并发生了震惊诸侯的"周郑交质"事件。郑国所作所为，让周天子颜面尽失。破坏周礼的郑国理应成为诸侯讨伐的对象，但在齐桓公询问征伐对象时，管仲只是提及鲁、卫、燕等，尚未提及战略地位非常重要的郑国。对于郑国在春秋初期的蛮横，管仲不可能不知晓，但在齐国实力不济的情况下只能暂时选择性地放弃。

但是，郑国是齐国称霸过程中必然要遇到的对手。身处中原要地，郑国的地缘战略价值注定其会成为大国争霸的主战场。与楚国相对接近的地理位置，让郑国人始终对楚国人充满忌惮。当齐桓公在中原诸侯中初步达成霸业时，郑国也显得不够热心，即便是在周王已经有所提示的情况下，却仍然摇摆不定。等到楚国崛起之后，迅速将郑国视为首要争夺对象。齐国组织诸侯营救，郑国因此才答应加入齐桓公领导的盟会。等到齐桓公带领诸侯讨伐蔡国时，郑国迟迟不肯动身。后来，诸侯联军讨伐郑国，在大夫孔叔的劝说之下，郑文公甚至杀死申侯来讨好齐国，太子华甚至以出卖郑国利益为代价巩固自己在郑国的地位，齐桓公差点同意这一请求。因为管仲强调应该以信义为先，此事才告罢休。管仲深知自身军事实力尚且有限，便试图强调信义，甚至以此来维持同盟关系，虽说取得了一时的成功，但终究还是会失败。对于摇摆不定和出尔反尔的郑国，实则根本无法依靠信义来有效笼络。

郑国摇摆人的立场早已挂上名号，他们时刻感受着楚国人的威胁，又想维系与中原诸侯的联系，只能策略性地多方周旋。后来晋楚争霸期间，郑国同样沦为战场，身处大国争霸的夹缝之中，郑国只能依靠"墙头草"一样的政策来苟且偷安。当楚军进犯之时，便投靠楚国；当晋军讨伐之际，便倒向晋国，只能以一种非常无奈和屈辱的方式来求得苟安。

即便是辐射范围有限，但管仲辅佐之下的齐国霸政在春秋之世还是有着积极意义。在周天子无法掌控大局的情况之下，齐桓公实则起到了代行天子职能的作用。在他的号召和带领之下，中原诸侯因此而能团结合作，共同对付外敌欺侮，因此而起到了保卫华夏文明的作用。孟子看到了齐国霸政的重大影响和示范作用，指出"五霸，桓公为盛"。齐国这种霸政模式，尤其是"尊王攘夷"的旗帜，此后被晋国接管，仍然在春秋之世发挥作用。因此，这种霸政虽说受到孟子等人诟病，但其中所起到的积极作用不容忽视。

齐桓公之所以能达成这种霸业，完全是因为有管仲的出色辅佐。孔子高度赞扬管仲，也是因为看到了霸政能够发挥"尊王"和"攘夷"的正面作用。我们甚至可以说，管仲不仅是齐国霸政的"总设计师"，同时还是春秋时期争霸模式的"总设计师"，至少在很大程度上影响了诸侯之间的争霸格局，也就此改变了春秋时期的历史走向。

毁于固执

因为重用管仲、隰朋、鲍叔等人才，齐桓公的霸业才能得以建立。我们从史籍中经常可以看到管仲劝阻齐桓公的记录，齐桓公每每祭出昏招，都会被管仲及时拦住。这种现象在《管子》中尤为常见，以至于人们会认为齐桓公愚蠢和昏聩。当然，也会因为勇于改正错误，给人留下虚怀若谷和勇于纳谏的印象。更多人甚至将管仲视为齐国的当家主持，就好像齐国霸业和齐桓公没什么关系一样。

管仲和齐桓公之间，因为有着这种良性的互动关系，才确保齐国能在很长时间都走在正确的道路上。因为管仲年长，齐桓公甚至也称呼其为仲父，可见管仲所享受的优礼。但是，齐桓公也有固执的毛病。我们在史籍中往往可以看到齐国初期的不顺，而这些大多都因为这种固执。无论管仲如何力劝，也起不到任何效果，以至于霸政的初期推行会遇到种种挫折。到了晚年，齐桓公变得越发的固执，这使得齐国霸业遭到毁坏，甚至荡然无存。

公元前645年，管仲、隰朋竟然在同年去世，这给齐国带来不小损失。尤其是管仲的离开，使得齐国就像是丢了主心骨一般。

管仲卧病期间，齐桓公也曾虚心请教继承人的问题。他问管仲："群臣之中谁可以继承相位？"管仲先是客套一番，并没有做出正面的回应，只见他委婉地回答说："知臣莫如君。"既然如此，齐桓公也毫不客气地说出了自己心目中的人选："易牙如何？"管仲连忙劝阻说："他曾杀死自己的儿子来取悦于君王，失去了基本的亲情和伦理，显然不能重用。"齐桓公又问："那么开方呢？"管仲还是表示反对："他曾背弃父母来迎合君王，这也违背了人情，怕是不合适亲近。"齐桓公又问："那么竖刁呢？"管仲还是不认可："他曾用自宫行为来迎合君王，同样不通人情，因此也不合适，不可作为亲信。"

接连推出三个候选人，却都遭到管仲否定，齐桓公内心大概是一百个不服气。按照齐桓公的理解，易牙烹了自己的亲生儿子博取国君的快乐，没有必要怀疑他的忠心。管仲的逻辑也很简单，宠爱自己的儿子是人之常情，连这种杀子之痛都能忍受，怎么可能会对国君真心相待？在齐桓公看来，竖刁通过自宫为自己服务，又何须怀疑其忠心，但在管仲看来，人之常情是爱惜己身，就连自己的身体器官都肯切割，那种强烈的痛楚都可以忍受，怎么可能真心侍奉国君？

对于管仲的临终遗言，齐桓公表面上装作答应，但等到管仲死后，他竟然完全置之脑后。他不仅没有采纳管仲的劝告，反而是重用了易牙、开方和竖刁，没想到这三人果然如管仲所料，只会给齐国挖坑。他们不仅无法承担治国理政的重任，反倒是专权误国。不仅使齐国经营多年的霸政毁于一旦，而且还引发了一场严重的内乱，就连齐桓公自己的饮食起居也都无法得到保障。或许只能认为，齐桓公是为自己当时的固执买单，齐国霸业也就此付出惨重代价。

齐桓公有三位夫人，分别是王姬、徐嬴和蔡姬，但都没有儿子。因为齐桓公一向喜欢女色，受到宠爱的姬妾倒是不少，在宫中那些受宠的女人，享受和夫人一样的待遇就有六人，且大多生子。其中大卫姬生了武孟，小卫姬生了惠公，郑姬生了孝公，葛嬴生了昭公，密姬生了懿公，宋华子生了公子雍。

齐桓公和管仲在经过商议之后，决定将孝公

托付给宋襄公，并立为太子。易牙受到大卫姬的宠信，通过关系进献给齐桓公各种美味佳肴，由此而受到宠信。此后，齐桓公又答应立武孟为继承人。这种立场的改变，显然会引发争议。等管仲死后，五个公子都在积极谋求立为嗣君。

齐桓公身患重病，易牙和竖刁联合作乱，他们关起宫门，筑起高墙，不让外人进入。齐桓公的饮食都成了问题，但始终无人搭理。他只能慨然作叹："圣人所见深远，如果死者在地下有知，我将以何面目见我的仲父？"在齐桓公因病去世之后，继承人的争夺愈加白热化。受宠的易牙进宫之后，联合竖刁和内宠权贵杀死了一批官吏，随即宣布立公子无亏为国君。见此情形，孝公只得匆忙逃到宋国。因为这种混乱，就连齐桓公的尸体也已无法按照正常的日期安葬。

第二年春天，宋襄公率领曹共公等联合出兵攻打齐国。齐国人就此杀无亏并准备立孝公为国君，其他四公子联名反对，并且和宋军展开激战。等到五月，宋国终于在甗地击败了齐军，就此拥立孝公回国。等到八月，齐国人安葬了齐桓公。

知人论世

　　管仲辅政齐国四十余年，大胆地进行了一系列政治、经济和军事改革，使齐国迅速摆脱了落后挨打的窘境，打下了争霸的基础。齐国因此而率先在中原诸侯中称霸，齐桓公也因为有管仲的出色辅佐而成为春秋时期无可争议的一代霸主。因为有着重大贡献，管仲所拥有的财富可以跟国君比拟，他不仅拥有设置华丽的三归台，还享受国君那套宴饮设备，但齐国人却不以为这是奢侈和僭越。在管仲去世之后，齐国仍然遵循他当初制定的政策，在诸侯国之中始终保持着竞争力，就连晋、楚这样的强国也都始终不敢小觑。

　　追求实效的管仲引领了春秋时期的功利主义思潮。就其争霸谋略来说，其中也有这种功利色彩的折射。这种思想主张直接影响了春秋晚期的孙子，并被孙子发展到极致。孙子强调"非利不动"，坚持"合于利而动，不合于利而止"，功利思想可见一斑。管仲则追求"义于名而利于实"，尝试实现"义"与"利"的完美统一。虽然功利而且现实，但管仲仍是抱有一些理想主义的。套用今天的话，或可称之为理想的现实主义。就其称霸战略来说，"尊王攘夷"是"义于名"的理想，借此赢得诸侯拥护和周天子信任、实现自己长久的霸权统治，则是立足现实所要追求的"利"。

不管如何，尊王攘夷保卫了华夏农耕文明，有效抵御了游牧文明的入侵，因此在历史上具有深远影响。孔子不惜溢美之词给予赞扬："微管仲，吾其被（披）发左衽矣！"孔子认为，如果没有管仲，我们今天便和野蛮落后民族没有区别：披着头发，衣襟朝左开口。

管仲的执政理念和霸政思想至少在当时堪称先进，因此在付诸实践之后，立即改变了齐桓公和齐国的命运。即便在后世也不算落伍，甚至还能引起巨大反响，获得不少拥趸。战国时期，聚集到齐国的管仲学派对管仲军政思想进行了忠实的继承和阐发，因此才有《管子》这部著作的诞生。这本书因为集中展示了管仲思想，流传至今已两千多年，是中国古代一部重要典籍，并在近现代受到越来越多的关注，成为研究先秦时期政治、经济、军事、文化以及历史的重要资料。管仲学派抱着兼收并蓄的心胸和气度，力图实现管仲思想的与时俱进的拓展，以便顺应形势的发展变化，但在总体上仍未能跳出管仲的藩篱。战国时期不少法家也奉管仲为先祖，致力阐发其功利思想。"作内政而寓军令"可以实现寓兵于农的目的，也有人说这就是"寓兵于农"。平时种地，战时当兵。战国时期的法家正是这么设计的。这种设计，重视氏族之间的纽带关系，确是对做好战备有着积极作用，因此也得到法家的推行。商鞅在秦国推行"令民为什伍"的举措，通常认为是受到管仲的深刻影响。三国时期的诸葛亮每自比于管仲、乐毅，实则是将管仲视为自己的偶像。

在春秋乱世，管仲推行"尊王攘夷"战略，很好地保卫了华夏文明，因此而饱受赞誉，就连孔子都承认他有"九合诸侯"之力。然而，正所谓人无完人，金无足赤，管仲的品行和私德也有受人诟病之处，包括孔子在内，也有不少人对其提出了批评。管仲获得发迹机会，和好友鲍叔有着直接联系。鲍叔更加看重的是管仲的才干，对于他多拿多占和贪生怕死行为等，都给予了宽容和理解。管仲因此视鲍叔为一生知己，甚至感叹道："生我者父母，知我者鲍子也！"管仲的特点是"不羞小节，而耻功名不显于天下"，并不在意那些细节，活成了"不修边幅"的样子，鲍叔却能充分地给予包容，甚至全力向齐桓公推荐管仲，夸赞他的才能。

但是，还是有人计较管仲的变节之举。毕竟管仲是公子纠的老师，但他不会坚守"为君死节"的传统，反而改事公子纠的竞争对手。齐桓公接受鲍叔的劝谏，大大方方地捐弃一箭之仇，起用管仲为相，但还是有人计较。当时与管仲一起辅佐公子纠的，还有一位叫召忽，他的行事风格与管仲有着很大不同。当他被押回齐国之后，立即就自杀殉节。如此强烈的对比，让"不羞小节"的管仲更受人非议，甚至有人骂他"不忠不信不礼不义"。虽是由罪臣而成为齐相，管仲倒是没辜负齐桓公的厚望，充分展示了自己的治国才能，有些事便不好再继续追究。

被齐桓公奉为仲父，管仲的地位实则高于高氏和国氏，一人之下万人之上管仲因此可以施展自己的政治抱负。他不断地向齐桓公要权要地位，尚且可以理解，也可以视为是治国之需，但是要钱要利则很难理解。齐桓公为了满足管仲对于物质利益的欲望，曾授予管仲数量庞大的采邑。然而，管仲仍然宣称自己是"贫不能使富"或"贱不能临贵"，齐桓公只好继续赐赏，以至于"赐之以齐国之市租"。

不少人对管仲给予了宽容，说"管仲非贪，以便治也"，但孔子却不这么认为。孔子虽赞扬管仲对保卫华夏文明所做出的贡献，同时也批评管仲器量小、不节俭和不知礼。孔子说："管氏有三归，官事不摄，焉得俭？"又说："管氏而知礼，孰不知礼？"孔子的这些批评非常尖锐，愤怒之情几乎溢于言表。孔子"三归"行为，到底何谓"三归"，也是众说纷纭：一说管仲娶多位年轻女子为妻，因为"归"在古代有出嫁的意思。一说管仲获得三处藏着大量布帛的府库，因为"归"有府库的意思。一说管仲获得了大量的市租和采邑，因为"归"可作市租解。不管"三归"作何种解释，管仲由此而招致孔子等人不满，倒是可以肯定。

战国时期的孟子等，对管仲的评价也非常之低。但在历史上，"不修边幅"的管仲，其形象和地位似乎也没有受到实质性影响。如前所述，诸葛亮也曾将管仲视为自己的偶像。等到积贫积弱的近代，为了拯救危机四伏的中国社会，康有为、梁启超等人大力宣扬管仲思想，着重弘扬他尊王攘夷的业绩，希望为饱受外敌欺侮的中国带来救病良方。康有为甚至还多次向光绪皇帝推荐《管子》这本书。管仲及《管子》的地位也获得很大程度的提升。"不羞小节"的管仲，这种不修边幅的形象，似乎也可从人性的角度出发给予理解。

出版说明

  "新编历史小丛书"承自20世纪60年代吴晗策划的"中国历史小丛书",其中不少名家名作已经是垂之经典的作品,一些措辞亦有写作伊初的时代特征。为了保持其原有版本风貌,再版过程中不做现代汉语的规范化统一。读者阅读时亦可从中体会到语言变化的规律。

          "新编历史小丛书"编委会

图书在版编目（CIP）数据

管仲传 / 熊剑平，房志成著. -- 北京：文津出版
社，2025.4. -- （新编历史小丛书 / 戴逸等主编）.
ISBN 978-7-80554-914-9

Ⅰ. B226.1

中国国家版本馆CIP数据核字第2024QM6619号

责任编辑　王铁英　张　帅
责任营销　猫　娘
责任印制　燕雨萌

新编历史小丛书

管仲传
GUANZHONG ZHUAN

熊剑平　房志成　著

出　　版　北京出版集团
　　　　　　文津出版社
地　　址　北京北三环中路6号
邮　　编　100120
网　　址　www.bph.com.cn
总 发 行　北京出版集团
印　　刷　北京汇瑞嘉合文化发展有限公司
经　　销　新华书店
开　　本　880毫米×1230毫米　1/32
印　　张　3.875
字　　数　60千字
版　　次　2025年4月第1版
印　　次　2025年4月第1次印刷
书　　号　ISBN 978-7-80554-914-9
定　　价　24.80元

如有印装质量问题，由本社负责调换
质量监督电话　010-58572393